Weihnachten
und Ostern
in der
Einweihungslehre

Aus dem Französischen übersetzt
Originaltitel:
»Noël et Pâques dans la tradition initiatique«

© 1982, Éditions Prosveta S. A., France, ISBN 2-85566-202-8
Französische Originalausgabe

© 1983, Éditions Prosveta S. A., France, ISBN 2-85566-243-5
Deutsche Ausgabe: »Weihnachten und Ostern in der Einweihungslehre«

© 1985, Éditions Prosveta S. A., France, ISBN 2-85566-325-3

© 1999, Prosveta Verlag, Deutschland, ISBN 3-89515-044-4

© 2025 Prosveta Verlag GmbH, Grabenstr. 14, 78661 Dietingen,
Tel. 07427 3430, E-Mail Produktsicherheit: gpsr@prosveta.de.
Diese Angaben sind zugleich Pflichtinformationen nach der
EU-Produktsicherheitsverordnung GPSR.

ISBN 978-3-89515-044-9

Druck 2025: Interpress, Ungarn

Omraam Mikhaël Aïvanhov

Weihnachten und Ostern in der Einweihungslehre

Reihe Izvor - Band 209

PROSVETA  VERLAG

INHALT

*Da Meister Omraam Mikhaël Aïvanhov
seine Lehre ausschließlich mündlich überlieferte,
wurden seine Bücher aus stenografischen
Mitschriften, Tonband- und Videoaufnahmen
seiner frei gehaltenen Vorträge erstellt.*

1

DAS WEIHNACHTSFEST

Die vier wichtigsten Feste Weihnachten, Ostern, Johanni und Michaeli sind kein Zufall und nicht beliebig von einigen Geistlichen eingeführt worden, sondern es sind Zeitpunkte, die kosmischen Phänomenen entsprechen. In einem Jahr durchläuft die Sonne vier Kardinalpunkte (Tagundnachtgleiche im Frühjahr und Herbst und die Sommer- und Wintersonnenwende). Während dieser vier Zeitabschnitte ist in der Natur ein gewaltiges Strömen und Kreisen von Energien zu beobachten, das die ganze Erde mit all ihren Bewohnern beeinflusst: Pflanzen, Tiere und Menschen. Die Eingeweihten haben diese Phänomene studiert und festgestellt, dass große Veränderungen im Menschen stattfinden können, wenn er aufmerksam ist, sich vorbereitet und sich in Harmonie bringt, um diese Ausströmungen aufzunehmen.

In der christlichen Tradition heißt es, dass Jesus am 25. Dezember um Mitternacht geboren sei.

An diesem Tag tritt die Sonne in das Sternbild
Steinbock ein. Symbolisch gesehen ist der Steinbock mit den Bergen und Höhlen verbunden, und
gerade in der Finsternis einer Höhle kann das Jesuskind geboren werden. Das Jahr hindurch waren
Natur und Menschen sehr aktiv, aber beim Heran-
nahen des Winters werden viele Arbeiten einge-
stellt, die Tage werden kürzer, die Nächte länger;
der Mensch hat jetzt Zeit für Meditation und Be-
sinnung; er kann in die Tiefen seines Wesens hi-
nabsteigen und die Voraussetzungen für die Geburt
des Kindes finden.

Nach dem Steinbock tritt die Sonne in das
Tierkreiszeichen des Wassermanns ein. Der Was-
sermann stellt das Wasser, die Taufe, das spru-
delnde Leben dar, das neue Strömungen hervor-
bringt. Danach durchläuft sie die Konstellation der
Fische, wo der Fischfang stattfindet, von dem Jesus sprach, als er zu seinen Jüngern sagte, dass sie
»Menschenfischer« sein würden.

Kehren wir aber zurück zur Geburt Jesu. Jedes
Jahr steigt am 25. Dezember um Mitternacht das
Sternbild Jungfrau am Horizont auf und darum
heißt es, Jesus sei von der Jungfrau geboren. Gegenüber erscheinen die Fische und in der Mitte des
Firmaments ist das wunderschöne Sternbild Orion
zu sehen, dessen Zentrum drei aneinander gereihte
Sterne bilden, die volkstümlich die drei Weisen genannt werden.

Ob Jesus nun wirklich am 25. Dezember um Mitternacht zur Welt kam, soll uns hier nicht beschäftigen; was uns interessiert ist, dass an diesem Tag das Christus-Prinzip in der Natur geboren wird, das Licht und die Wärme, die alles verwandeln. Zur gleichen Zeit wird dieses Fest auch im Himmel gefeiert: Die Engel singen und alle Heiligen, hohen Meister und Eingeweihten versammeln sich, um zu beten, um den Ewigen zu ehren und die Geburt des Christus zu feiern, der wahrhaft im Universum geboren wird.

Und was macht währenddessen die Mehrzahl der Menschen auf der Erde? Sie hält sich in Kneipen, Tanzbars und Nachtlokalen auf, wo gegessen, getrunken und Unsinn gemacht wird, um die Geburt Jesu zu feiern... eine seltsame Mentalität! Das Erstaunliche dabei ist, dass sogar die intelligentesten Menschen es normal finden, Weihnachten auf diese Art zu feiern, anstatt sich der Bedeutung eines nur einmal jährlich stattfindenden Ereignisses bewusst zu sein. Wenn die ganze Natur aufmerksam das neue Leben vorbereitet, ist der Mensch mit seinen Gedanken woanders. Deshalb empfängt er auch nichts vom Himmel, sondern verliert im Gegenteil dessen Gnade und Liebe. Denn was kann der Himmel einem Menschen, der den göttlichen Strömungen gegenüber unempfindlich ist, schon geben? Der Schüler dagegen bereitet sich vor. Er weiß, dass in der Weihnachtsnacht Christus als Licht, Wärme und Leben geboren wird, und er schafft günstige Bedingungen, damit dieses göttliche Kind auch in ihm geboren wird.

Jesus wurde vor zweitausend Jahren in Palästina geboren. Doch das ist der historische Aspekt von Weihnachten, der aber, wie ihr wisst, für die Eingeweihten zweitrangig ist, denn Christi Geburt ist eher ein kosmisches als ein historisches Ereignis. Es ist die erste Manifestation des Lebens in der Natur, überall beginnen neue Energien hervorzusprudeln. Außerdem ist diese Geburt auch ein mystisches Ereignis, das heißt, dass Christus in jeder Menschenseele als Prinzip des Lichtes und der göttlichen Liebe geboren werden soll. Die Geburt von Jesus bedeutet: Solange der Mensch nicht von Licht und Liebe erfüllt ist, kann das Christuskind nicht in ihm geboren werden, er kann es feiern und erwarten... und wird nie etwas bekommen.

Zur Erinnerung an die Geburt Jesu vor zweitausend Jahren geht man in die Kirche und singt, dass er gekommen ist, uns zu erlösen. Und da wir nun bereits erlöst sind, können wir in aller Ruhe weiter sündigen, trinken und schlemmen und brauchen uns für alle Ewigkeit keine Sorgen mehr zu machen! Das ist es, was die Menschen unter der Geburt Jesu verstehen. Aber wer denkt schon daran, an sich selbst zu arbeiten, zu lernen und sich zu bemühen, damit Jesus in jeder Seele, in jedem Geist geboren wird? Wäre das Kommen Jesu vor zweitausend Jahren ausreichend gewesen, warum ist dann das Reich Gottes auf Erden noch nicht Wirklichkeit geworden? Kriege, Elend und Krankheiten hätten schon längst verschwinden müssen.

Ich leugne nicht, dass Jesu Geburt ein äußerst wichtiges historisches Ereignis war, aber das Wesentliche sind die kosmischen und mystischen Aspekte des Weihnachtsfestes. Die Geburt Christi ist nicht nur ein alljährliches Ereignis im Universum, sondern kann auch jeden Augenblick in unserem Inneren stattfinden. Ihr könnt die Geschichte der Geburt Jesu lesen, so oft ihr wollt und singen: »Es ist geboren, das himmlische Kind...«, solange Christus nicht in euch selbst geboren ist, hat all das keinen Zweck. Jetzt kommt es darauf an, dass jeder den Wunsch hat, Christus in seiner eigenen Seele zur Welt zu bringen, um selbst so zu werden wie Er, damit die Welt von Menschen bevölkert wird, die alle den Geist Christi in sich tragen. Gerade dies wollte Jesus im Übrigen erreichen, als er sagte: »Wahrlich, wahrlich, ich sage euch: Wer an mich glaubt, der wird die Werke auch tun, die ich tue, und er wird noch größere als diese tun« (Jh 14,12). Aber wo sind diese Werke, die größer sind als die Werke Jesu?

Für einige ist Christus bereits geboren, für manche wird er bald geboren werden, und für andere

wird er leider erst in einigen Jahrhunderten geboren. Es kommt eben darauf an, ihm die richtigen
Bedingungen zu schaffen. Um die ganze Bedeutung des Weihnachtsfestes zu begreifen, ist es daher sehr wichtig, sich lange vorher darauf vorzube-
reiten. Was bedeutet zum Beispiel die Geburt Jesu
in einer Krippe zwischen Esel und Ochse? Was
stellen die Hirten, die drei Weisen dar? Ihr sagt:
»Aber das weiß doch jeder!« Wir werden gleich
sehen, ob man es weiß oder nicht, und was man
sich darunter vorstellt. Lukas hat die meisten Einzelheiten über dieses Ereignis berichtet; alle anderen Evangelisten erwähnen es kaum oder beginnen
erst mit der Taufe Jesu am Ufer des Jordan durch
Johannes den Täufer. Ich möchte euch deshalb
jetzt gerne die Schilderung von Jesu Geburt aus
dem Lukas-Evangelium vorlesen (Lk 2,1-32).

*Es begab sich aber zu der Zeit, dass ein Gebot
von dem Kaiser Augustus ausging, dass alle Welt
geschätzt würde. Und diese Schätzung war die al-
lererste und geschah zu der Zeit, da Cyrenius
Landpfleger in Syrien war. Und jedermann ging,
dass er sich schätzen ließe, ein jeder in seine
Stadt. Da machte sich auf auch Josef aus Galiläa,
aus der Stadt Nazareth, in das jüdische Land zur
Stadt Davids, die da heißt Bethlehem, weil er aus
dem Hause und Geschlechte Davids war, damit er
sich schätzen ließe mit Maria, seinem vertrauten*

Weibe, die war schwanger. Und als sie dort waren, kam die Zeit, dass sie gebären sollte. Und sie gebar ihren ersten Sohn und wickelte ihn in Windeln und legte ihn in eine Krippe, denn sie hatten sonst keinen Raum in der Herberge.

Und es waren Hirten in derselben Gegend auf dem Felde bei den Hürden, die hüteten des Nachts ihre Herde. Und der Engel des Herrn trat zu ihnen, und die Klarheit des Herrn leuchtete um sie; und sie fürchteten sich sehr. Und der Engel sprach zu ihnen: »Fürchtet euch nicht! Siehe, ich verkündige euch große Freude, die allem Volk widerfahren wird; denn euch ist heute der Heiland geboren, welcher ist Christus, der Herr, in der Stadt Davids. Und das habt ihr zum Zeichen: Ihr werdet finden das Kind in Windeln gewickelt und in einer Krippe liegen.« Und alsbald war da bei dem Engel die Menge der himmlischen Heerscharen, die lobten Gott und sprachen: »Ehre sei Gott in der Höhe und Friede auf Erden bei den Menschen seines Wohlgefallens!« Und als die Engel von ihnen gen Himmel fuhren, sprachen die Hirten untereinander: Lasst uns nun gehen nach Bethlehem und die Geschichte sehen, die da geschehen ist, die uns der Herr kundgetan hat. Und sie kamen eilend und fanden beide, Maria und Josef, dazu das Kind in der Krippe liegen. Als sie es aber gesehen hatten, breiteten sie das Wort aus, das zu ihnen von diesem Kind gesagt war. Und alle, vor die es kam, wunderten sich über das, was ihnen die Hirten gesagt hatten. Maria aber behielt alle diese Worte und bewegte sie in ihrem Herzen. Und die Hirten kehrten wieder um, priesen und lobten Gott für alles, was sie gehört und gesehen hatten, wie denn zu ihnen gesagt war.

Und als acht Tage um waren, und man das Kind beschneiden musste, gab man ihm den Namen Jesus, wie er genannt war von dem Engel, ehe er im Mutterleibe empfangen ward.

Und als die Tage ihrer Reinigung nach dem Gesetz des Moses vollendet waren, brachten sie ihn nach Jerusalem, um ihn dem Herrn darzustellen. Wie geschrieben steht in dem Gesetz des Herrn: »Alles Männliche, das zuerst den Mutterschoß durchbricht, soll dem Herrn geheiligt heißen«, und um das Opfer darzubringen, wie es gesagt ist im Gesetz des Herrn: »ein Paar Turteltauben oder zwei junge Tauben«. Und siehe, ein Mensch war zu Jerusalem, mit Namen Simeon, und dieser Mann war fromm und gottesfürchtig und wartete auf den Trost Israels, und der heilige Geist war mit ihm. Und ihm war eine Antwort geworden von dem Heiligen Geist, er solle den Tod nicht sehen, er habe denn zuvor den Christus des Herrn gesehen. Und er kam auf Anregen des Geistes in den Tempel. Und als die Eltern das Kind Jesus in den Tempel brachten, um mit ihm zu tun, wie es Brauch ist nach dem Gesetz, da nahm er ihn auf seine Arme und lobte Gott und sprach:

*»Herr, nun lässt du deinen Diener in
Frieden fahren, wie du gesagt hast.
Denn meine Augen haben deinen Heiland
gesehen, das Heil, das du bereitet hast
vor allen Völkern,
ein Licht zur Erleuchtung der Heiden
und zum Preis deines Volkes Israel...«.*

Diese Geschichte habt ihr bestimmt schon öfter gelesen oder gehört. Sie enthält zahlreiche symbolische Details und zwei sehr mysteriöse Stellen. Warum heißt es: »Maria aber behielt alle diese Worte und bewegte sie in ihrem Herzen«? Folglich musste sie von diesen Worten etwas für sich behalten. Hätte es sich um die Aussagen der Hirten gehandelt, hätte sie darüber sprechen können, denn diese waren für niemanden ein Geheimnis. Also war es etwas anderes, etwas Heiliges, das sie kostbar in ihrer Seele hütete. Und wer war Simeon? Es heißt, dass der Heilige Geist über ihm war, er war also ein sehr reiner Mensch. Die Frage nach Simeon kann ich indes nicht behandeln, denn das würde jedes christliche Bewusstsein erschüttern. Ja, wer war Simeon? Welche Verbindung hatte er zu Jesus...?

Jetzt werdet ihr gleich sehen, ob ihr dieses Kapitel wirklich verstanden habt. Zunächst: Wer waren Maria und Josef? Wenn sie als Jesu Eltern ausgewählt wurden, dann waren sie auch darauf vorbereitet worden und würdig, Jesus, den Erlöser der Menschheit, in ihrer Familie zu empfangen. In ihren vorangegangenen Leben hatten sie sicherlich eine bedeutende spirituelle Arbeit geleistet. Sie waren außergewöhnliche Menschen und für dieses Ereignis vorherbestimmt. Maria hatte sich schon sehr jung dem Herrn geweiht. Sie war in den Tempel gegangen, um Seine Dienerin zu werden. Sie hatte sich also geläutert und die größten Opfer gebracht, um würdig zu sein, einen so erhabenen und mächtigen Geist wie Christus in ihrem Schoße zu empfangen. An solche Dinge denkt niemand. Man ist überzeugt, Gott sei alles möglich und Er tue, was ihm gefällt, sogar die unglaublichsten Dinge, und deshalb könne Er auch den Erstbesten für die allerhöchste Mission auswählen. Nein, auch auf diesem Gebiet gibt es eine Gerechtigkeit, Regeln und Gesetze, die der Herr selbst erlassen hat, also wird Er selbst sie bestimmt nicht übertreten.

Wenn Gott Geschöpfe auswählt, dann erfüllen sie bestimmte Voraussetzungen. Gewiss, »Er kann aus Steinen Kinder Abrahams machen«, aber zuerst müssen diese vom Stadium der Steine zu dem der Pflanzen und der Tiere übergehen, bevor sie die Ebene der Menschen erreichen. Es ist wie beim Kind: Der Keim muss viele Formen und Zustände durchwandern, bevor er das Aussehen eines menschlichen Wesens annimmt. Genauso musste auch Jesus bestimmte Etappen durchschreiten, bevor er Christus wurde. Auch das können die Christen nicht akzeptieren. Ihrer Meinung nach war Jesus Gott selbst und von Geburt an vollkommen. Aber warum musste er dann bis zu seinem dreißigsten Lebensjahr warten, um den Heiligen Geist zu empfangen und Wunder zu vollbringen? Selbst wenn Gott persönlich sich auf Erden verkörpern will, wird Er dabei Seine eigenen Gesetze befolgen. Er, der Herr, respektiert Sich selbst, versteht ihr? So sehen die Eingeweihten die Dinge; in ihrem Kopf ist alles geordnet, logisch und sinnvoll.

Maria und Josef waren rein. Um würdig zu sein, Jesus zu empfangen, hatten sie sich lange vorbereitet, schon in früheren Inkarnationen. Ist Jesus vom Heiligen Geist geboren? Ja, es war der Heilige Geist auf der himmlischen Ebene, aber auf der körperlichen Ebene war auch etwas nötig, beziehungsweise jemand, damit auch auf dieser Ebene sich der Heilige Geist widerspiegelte. Der Heilige Geist brauchte auch auf der physischen Ebene einen Mittler, damit auf physischer, spiritueller und göttlicher Ebene alles heilig, lichtvoll und rein war und eine völlige Übereinstimmung der drei Welten erreicht wurde.

Ihr sagt: »Aber für den Heiligen Geist ist alles möglich!« Ich weiß, er hätte sich zum Beispiel ein bisschen Materie aus dem Raum nehmen und sich damit einen Körper formen können, der nicht von einer Frau geboren zu werden brauchte. Nur, ein solcher aus ätherischen Stoffen bestehender Körper kann kaum einige Stunden, vielleicht einen Tag überleben, und dann entfliehen die Teilchen wieder. Das ist das, was bei spiritistischen Sitzungen geschieht. Wenn ein Körper Bestand haben soll, benötigt er die von der Mutter kommenden materiellen Teilchen. Deshalb brauchte der Heilige Geist eine reine Frau, um sich in ihrem Schoß einen Körper zu bilden. Das Übrige werde ich euch nicht sagen, das könnt ihr selbst erraten!

Ist Jesus durch das Wirken des Heiligen Geistes geboren worden? Ja, gewiss insoweit, als seine Zeugung von keinerlei Begierde, Leidenschaft oder Sinnlichkeit befleckt wurde, kann man sagen, dass er durch das Wirken des Heiligen Geistes geboren wurde. Auf dieser Ebene ist die Jungfräulichkeit Marias zu verstehen. Die Keuschheit ist eher eine spirituelle denn eine physische Eigenschaft. Wie viele Frauen sind nach außen hin Jungfrauen, aber im Inneren schlimmer als Straßenmädchen! So, mehr sage ich euch nicht... das war schon sehr viel!

Die Geburt Jesu muss in den drei Welten verstanden werden. Das heißt als historisches, psychisch-mystisches und schließlich als kosmisches Phänomen. Heute interessiert mich vor allem das mystische Phänomen.

Von den Evangelisten war Lukas der gelehr-
teste und gebildetste; er beginnt sein Evangelium
mit den Worten: »So habe auch ich's für gut gehalten, nachdem ich alles von Anfang an sorgfältig er-
kundet habe, es für dich, hoch geehrter Theophi-
lus, in guter Ordnung aufzuschreiben, damit du
den sicheren Grund der Lehre erfahrest, in der du
unterrichtet bist« (Lk 1,3-4). Er war also nicht wie
die anderen, Zeuge der Geschehnisse, sondern hat
Nachforschungen angestellt und in seinem Bericht
von der Geburt Jesu nur die Bilder der Ereignisse
festgehalten, die sich in der Seele eines jeden
Menschen ständig wiederholen. Wir wollen jetzt
diese symbolischen Bilder näher betrachten.

Das Jesuskind braucht einen Vater und eine
Mutter, um geboren zu werden. Der Vater, Josef,
stellt den Intellekt, den Geist des Menschen dar.
Die Mutter, Maria, ist das Herz, die Seele. Wenn
Herz und Seele geläutert sind, dann wird das Kind
geboren. Aber es wird nicht von Intellekt und
Geist, sondern von der Universalseele geboren, die
nichts anderes ist als der Heilige Geist in Form
von Feuer, von göttlicher Liebe... eine reine
Flamme, die das Herz und die Seele des menschlichen Wesens befruchtet. Herz und Seele verkörpern das weibliche, empfängliche Prinzip. Intellekt und Geist dagegen stellen das männliche
Prinzip dar, das die Bedingungen vorbereitet, damit der Heilige Geist, das heißt die Universalseele,

die Feuer ist, Besitz ergreift von der Seele, von Maria. Dann wird das Christuskind geboren. Aber da die Geburt in allen drei Welten stattfinden soll, muss das Kind auch auf physischer Ebene auf die Welt kommen. Ihr seht, all das ist viel komplexer als ihr euch vorstellt.

Als Maria und Josef in einer Herberge Unterkunft suchten, fanden sie keinen Platz. Mit anderen Worten: Menschen, die nur für Essen, Trinken und Vergnügungen leben, haben für den Eingeweihten, der das Kind empfing, keinen Platz. Das göttliche Kind, das er bereits als Licht in sich trägt, kann ein Ideal oder eine Idee sein, die er nährt und innig liebt, aber wohin mit diesem Kind? Niemand öffnet ihm die Tür, das heißt niemand versteht ihn. Zum Glück gibt es einen Stall. Der Stall mit der Krippe ist ein Symbol, das zunächst auf die Armut und die äußeren Schwierigkeiten hinweist. Ja, so wird es für den Menschen, in dem der Geist wohnt, immer sein: Von den Menschen wird er weder geschätzt noch aufgenommen. Aber andere werden das Licht, das er über die Krippe hinaus ausstrahlt, von weither sehen und ihn aufsuchen.

Das durch den fünfzackigen Stern dargestellte Licht ist eine absolute Realität. Es leuchtet über dem Haupt aller Eingeweihten, deren weibliches Prinzip – Seele und Herz – das vom Heiligen Geist gezeugte Christuskind zur Welt gebracht hat. In dem Fall soll der Intellekt, Josef, anstatt Maria eifersüchtig zu verstoßen und wie ein grober Mensch zu schimpfen: »Das Kind, das du geboren hast, ist nicht von mir, verschwinde...!«, sich beugen und sagen: »Gott selbst hat Marias Seele und Herz mit Seinem Hauch gestreift. Ich war nicht dazu imstande«. Der Intellekt darf sich also nicht empören und zornig werden, sondern muss Maria behalten, die Lage richtig einschätzen und zugeben: »Hier ist etwas, das meine Kenntnisse übersteigt!« Maria zu verstoßen würde bedeuten, die Hälfte seines eigenen Wesens aufzugeben und wie die rein intellektuellen und rational eingestellten Menschen zu werden, die alle Regungen des Gemüts, alles Empfängliche, alle Eigenschaften der Milde, Demut und Güte verbannt haben. Viele haben Maria verstoßen, weil sie sich gerne vom Heiligen Geist besuchen ließ...

Ihr müsst verstehen, dass Maria und Joseph Symbole des Innenlebens sind. Wer Maria verbannt, verdorrt und hat nur noch einen Intellekt, der alles zersetzt, kritisiert und immer unzufrieden ist. Aber ihr habt gesehen, dass Joseph Maria im Gegenteil achtete, sie bei sich behielt und sich sagte: »Oh, sie erwartet ein Kind, ich will sie schützen, denn sie braucht meine Hilfe.«

Was bedeutet nun der Stern? Er zeugt von einem Phänomen, das sich unvermeidlich im Leben eines wahren Mystikers, eines wahren Eingeweihten ereignet. Über seinem Haupt erscheint ein Stern, ein leuchtendes Pentagramm. Das, was oben ist, ist wie das, was unten ist und das, was unten ist, ist wie das, was oben ist, und deshalb muss auch das Pentagramm zweifach existieren.

Zum einen ist der Mensch selbst ein lebendiges Pentagramm, und wenn er die fünf Tugenden Güte, Gerechtigkeit, Liebe, Weisheit und Wahrheit vollkommen entwickelt hat, bildet er zum anderen oben, im subtilen Bereich, ebenfalls ein Pentagramm, das als Licht erscheint.

Dieses Licht – der Stern, der über dem Stall leuchtete – bedeutet, dass jeder Eingeweihte, der den lebendigen Christus in sich trägt, immer ein Licht ausstrahlt, ein beruhigendes, nährendes, tröstendes, heilendes, läuterndes und belebendes Licht... Eines Tages erblicken andere dieses Licht

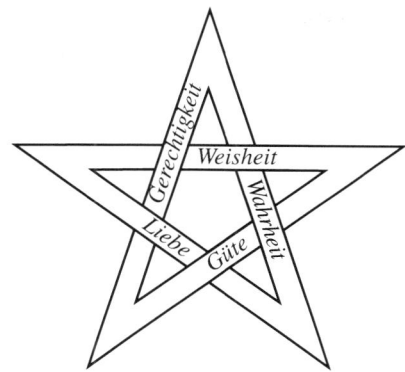

von Weitem und spüren, dass etwas Besonderes sich durch dieses Wesen manifestiert. Und das, was sich da manifestiert, ist Christus. Jetzt kommen alle zu ihm, Regenten und Obrigkeiten, alle Mächtigen und Reichen. Selbst die hohen geistlichen Oberhäupter, die sich am Gipfel angekommen glaubten, spüren, dass ihnen etwas fehlt, dass sie diesen Grad der Spiritualität noch nicht erreicht haben und sie kommen, um zu lernen und ihm Achtung zu zollen und bringen Geschenke.

Damit ist auch die Anwesenheit der drei Weisen Melchior, Balthasar und Kaspar an der Krippe des Jesuskindes erklärt. Alle drei waren in ihrem Land geistliche Oberhäupter bedeutender Religionen. Warum sind sie gekommen? Weil sie das Licht wahrgenommen hatten. Sie waren auch Sterndeuter und hatten bestimmte außergewöhnliche planetarische Konstellationen beobachtet, aus denen sie folgerten, dass ein besonderes Ereignis auf der Erde geschehen würde. Jesu Geburt entspricht also auch einem Phänomen, das sich vor zweitausend Jahren am Himmel ereignete.

Die heiligen drei Könige brachten Gold, Weihrauch und Myrrhe. Jede Gabe war ein Symbol. Das Gold besagte, dass Jesus ein König war. Gold ist die Farbe der Weisheit, seine Leuchtkraft glänzt wie eine Lichtkrone über dem Haupt des Eingeweihten. Der Weihrauch bedeutete, dass Jesus Priester war. Weihrauch stellt den religiösen Bereich dar, also auch Herz und Liebe. Die Myrrhe ist ein Symbol der Unsterblichkeit, man benutzte sie zum Einbalsamieren der Körper, um sie so vor dem Zerfall zu bewahren. Die drei Weisen brachten also Geschenke, die sich auf alle drei Bereiche, die Gedanken, die Gefühle und den physischen Körper, bezogen. Außerdem ist jede Gabe mit einer Sephira verbunden. Die Myrrhe mit Binah, wo alles aufbewahrt wird; das Gold mit Tiphereth, dem Licht und der Weihrauch mit Chesed, der Religion.

Beschäftigen wir uns jetzt mit dem Stall. In ihm gab es weder Hirten noch Herden, sondern nur einen Ochsen und einen Esel. Warum? Seit Jahrhunderten zitiert man diese Geschichte, ohne sie zu verstehen, denn die Menschen haben den Sinn der universalen Symbole verloren. Der Stall stellt den physischen Körper dar. Und der Ochse? Bekanntlich galt der Ochse, der Stier, in der Antike

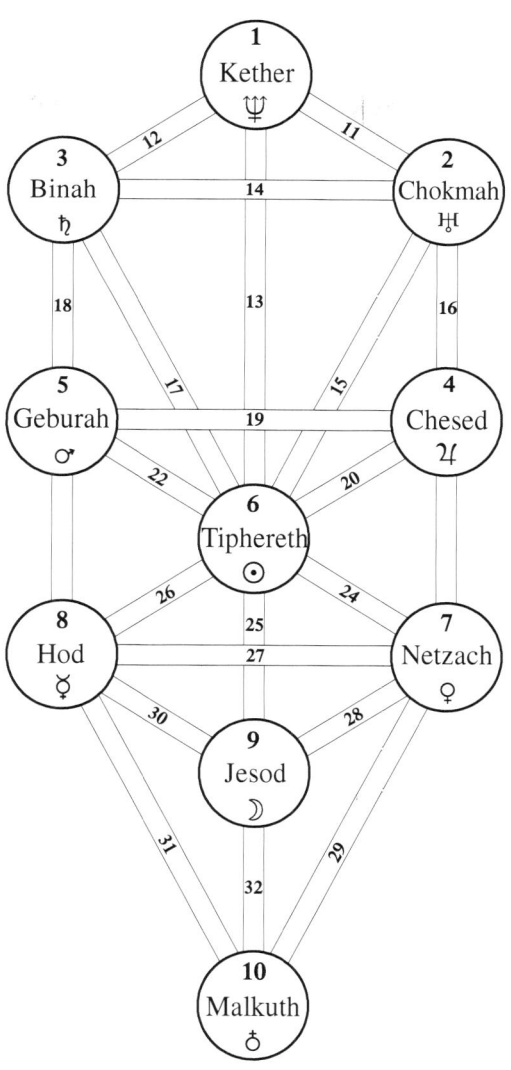

Lebensbaum

immer als Prinzip der Fortpflanzung. In Ägypten zum Beispiel war der Apis-Stier das Symbol für Fruchtbarkeit und Ertragsfähigkeit. Der Stier steht unter dem Einfluss der Venus und stellt die Sexualkraft dar. Der Esel steht unter dem Einfluss von Saturn und symbolisiert die Personalität, das heißt die niedere Natur des Menschen, die auch der »alte Adam« genannt wird: dickköpfig, stur, aber dienstbereit. Diese beiden Tiere sollten also Jesus dienen. Aber wie? Ich will euch jetzt ein großes Mysterium enthüllen.

Wenn der Mensch beginnt, an seiner Vervollkommnung zu arbeiten, gerät er mit den Kräften seiner Personalität und seiner Sinnlichkeit in Konflikt. Ein Eingeweihter zeichnet sich gerade dadurch aus, dass er diese beiden Kräfte unter Kontrolle gebracht und in seinen Dienst gestellt hat. Ihr seht also, dass er diese Energien nicht vernichtet, denn es ist keine Rede davon, dass die beiden Tiere verjagt oder getötet wurden. Sie waren anwesend, aber was taten sie? Sie wärmten das Jesuskind mit ihrem Atem... Wenn es also einem Eingeweihten gelingt, Stier und Esel in seinem Inneren zu wandeln, und sie in seine Dienste zu stellen, dann wärmen und nähren sie das neugeborene Kind mit ihrem Atem. Diese Kräfte belästigen, verwirren und quälen ihn dann nicht länger, sondern werden zu belebenden Energien. Der Atem ist bereits das Leben. Ihr seht, der Atem von Ochse und Esel erinnert an den Odem Gottes, mit dem Er dem ersten Menschen die Seele einhauchte. Esel und Ochse dienten dem Jesuskind, was bedeutet, dass Personalität und Sinnlichkeit dem dienen, in dem Christus wohnt, denn sie sind außergewöhnlich nützliche Kräfte, wenn sie zu einer Arbeit eingespannt werden können.

Dann ist den Hirten, denen der Stall gehörte, ein Engel erschienen. Sie hüteten ihre Herden auf dem Felde, und als der Engel ihnen die Nachricht von der Geburt Jesu brachte, waren sie hoch erfreut; sie nahmen Lämmer und brachten sie ihm als Gabe dar. Das bedeutet, dass alle am physischen Körper Beteiligten benachrichtigt werden, also alle verkörperten oder nicht verkörperten Geister der Familie, die Schätze besitzen (diese Schätze werden hier durch Schafe, Lämmer und Hunde symbolisiert). Sie werden benachrichtigt, weil sie am Aufbau des Stalls – des physischen Körpers – mitgewirkt haben. Nun kommen sie alle herbei und rufen: »Oh, wir hätten nie gedacht, dass unserem Stall eine solche Ehre zuteil würde!«

Folglich wird allen Familiengeistern, sowohl im Jenseits als auch auf Erden, die Nachricht überbracht, dass sich ein wunderbares Geschehen in eurem Herzen und eurer Seele ereignet hat; dann kommen auch sie herbei, verneigen sich und bringen Geschenke. Ja, alle stellen sich in den Dienst

des Kindes. Aber solange es nicht in euch geboren
ist, rechnet nicht damit, dass jemand euch seine
Dienste anbietet! Die Engel suchen nur den auf, in
dem das Jesuskind schon geboren ist, denn sie
kommen, um dem göttlichen Prinzip, d. h. Christus, dem Sohn Gottes, zu dienen und nicht euch...

Lasst uns jetzt auf das Symbol der Krippe eingehen. Ja, warum musste Jesus in einer Krippe, im
Stroh, zur Welt kommen und nicht in einem Palast,
einem Tempel, einem großen, prunkvollen Ge-
bäude? In den Evangelien ist alles symbolhaft dar-
gestellt, doch es gibt nur wenige, die in der Geschichte von der Geburt Jesu in einer Krippe einen
tieferen Sinn vermuten.

Wenn ihr euch an meine Vorträge über das Ha-
razentrum erinnert, wisst ihr, wo diese Krippe sich
in unserem Körper befindet. Ich erklärte euch,
welche Rolle dieses Zentrum im Leben eines Eingeweihten spielen kann, wenn er damit zu arbeiten
weiß. Obgleich der Name Hara – Bauch – darauf
hinweist, dass dieses einige Zentimeter unter dem
Nabel liegende Zentrum besonders den Japanern
ein Begriff ist, war es in Wirklichkeit allen Eingeweihten der Vergangenheit bekannt. Gerade dieses
Zentrum meinte Jesus, als er sagte: »Aus seinem
Schoß entspringen Ströme lebendigen Wassers...«.
Dieser »Schoß« ist das Hara-Zentrum, dort befindet sich die Krippe, in der Christus zwischen

Ochse und Esel geboren werden soll, das heißt, zwischen Leber und Milz.

Ich sehe euer Erstaunen. Ihr dachtet, dass Jesus in eurem Kopf geboren wird. Habt ihr schon einmal eine Mutter gesehen, die ihr Kind durch das Gehirn zur Welt bringt? Darüber hat sich noch keiner Gedanken gemacht. Bauch und Eingeweide findet man eher abstoßend, aber gerade diese Körpergegend hat der Herr für das Fortbestehen der Menschheit gewählt. Gerade dort, in diesem Hara-Zentrum soll auch im Schüler das neue Bewusstsein, das Christkind, geboren werden.

Nichts ist wichtiger, als für die Geburt des göttlichen Kindes in uns zu arbeiten. Dann werden Erde und Himmel singen, in aller Herren Länder werden Wesen verstehen, dass ein neues Licht geboren ist und kommen, um euch Geschenke zu bringen. Es wird sicherlich auch einen zornigen Herodes geben – solche gab es schon immer – der, mit der Absicht Jesus zu töten, den Heiligen Drei Königen befahl: »Zieht hin und forschet fleißig nach dem Kindlein, und wenn ihr es gefunden habt, so sagt es mir, auf dass auch ich komme und es anbete«. Aber zum Glück wird es auch warnende Engel geben, wie jener, der zu Joseph sagte: »Nimm das Kind und seine Mutter und fliehe nach Ägypten, denn Herodes wird es suchen lassen, um es zu töten«.

Die Weisen gingen auf Anweisung des Himmels nicht wieder zu Herodes, sondern kehrten auf einem anderen Weg in ihre Länder zurück. Das bedeutet, dass all jene, die zu Jesus, das heißt dem Christus-Prinzip kommen, nicht denselben Weg weitergehen können, sondern eine andere Richtung einschlagen müssen. Daran habt ihr nicht gedacht, nicht wahr? Alles hat so tiefgründige, geheimnisvolle Aspekte! Für mich sind diese Dinge ohnegleichen. Und glaubt mir, ich erfinde nichts. Ich übermittle euch die wahre Lehre, die mir zuteil wurde. Die Mehrheit der Menschen, deren Verständnis begrenzt ist, entnimmt den heiligen Texten nur die erzählten Geschichten, die geistigen Schüler befassen sich jedoch mit deren Inhalt und die Eingeweihten mit dem Sinn dieser Erzählungen.

Wisst ihr, warum es üblich ist, in der Weihnachtsnacht ein Festessen zu veranstalten? Auch dies ist ein Symbol. Wenn das Kind geboren ist, muss man essen, trinken und singen, aber natürlich in Maßen. Das Kind braucht Nahrung, und seine erste Nahrung nach der Geburt ist die Milch der Mutter. In ihrem Leib nährt sie es mit ihrem Blut, und nachher nährt sie es mit ihrer Milch. Hier haben wir zwei symbolische Farben, die bereits bei der Zeugung zugegen sind: Die Frau gibt die rote und der Mann die weiße Farbe. Später, wenn die Frau das Kind neun Monate lang mit ihrem Blut und nachher mit ihrer Milch nährt, wiederholt sich dieser Vorgang. Die beiden Farben findet man übrigens auch im Blut als rote und weiße Blutkörperchen wieder.

Rot und Weiß stellen die beiden Prinzipien dar, auf denen das Leben aufgebaut ist. Das Rot, das Blut, ist die Lebenskraft, die Liebe, und dank diesem Blut, unserer Liebe, soll das Christus-Kind in uns Fleisch und Blut werden. Nach seiner Geburt wird das Kind mit Milch genährt, das heißt mit Reinheit und Licht. Darum gehen wir morgens zum Sonnenaufgang, um das Licht aufzunehmen, mit dem wir das Kind nähren wollen. Genau wie die Mutter auch nach der Geburt das Kind weiter umsorgt, so wird auch nach der Geburt des Christus-Kindes die Arbeit fortgesetzt, aber auf eine andere Art und Weise.

Die Geburt Christi ist eine sehr wichtige Frage, mit der sich alle Eingeweihten beschäftigen müssen. So sagte etwa der heilige Paulus: »Oh, meine Kinder, wie viel Mühe habe ich mir gegeben, damit Christus in euch geboren wird!« Auch er hatte erkannt, dass Christus in jeder Menschenseele geboren werden muss. Deshalb sprach er zu seinen Jüngern, gab ihnen Ratschläge und wies sie sogar zurecht, damit sie sich läuterten und sich in innerer Duldsamkeit, Ergebenheit und Verehrung übten, denn das sind die grundlegenden Bedingungen, um den Samen von oben zu erhalten. Die menschliche Seele gleicht einer Frau: Wenn sie aggressiv ist und sich ständig ihrem Mann widersetzt, kann sie niemals Kinder bekommen. Auch die menschliche Seele muss zu einer liebevollen, aufnahmebereiten Frau werden, damit sie den Heiligen Geist empfangen kann, denn sonst wäre es schade, sie würde kein Kind bekommen!

Der Schüler hat die Aufgabe, sich mit allen diesen tiefen Geheimnissen zu beschäftigen und über sie nachzudenken. Wenn er sie vom Verstand her erfasst hat, muss er sie auf die Ebene der Gefühle herunterholen und sie anschließend auf der physischen Ebene realisieren, was natürlich am schwierigsten ist. Auf intellektueller Ebene kann das jeder verstehen und sogar sehr gut; aber das Verständnis erreicht noch nicht die Gefühlswelt, und das Herz spürt nichts... Das Verstehen muss bis zum Herzen und von dort bis zur Willenskraft heruntersteigen, damit es auf physischer Ebene verwirklicht werden kann; denn die Geburt des Christus-Kindes muss in den drei Bereichen, auf der mentalen, astralen und der physischen Ebene realisiert werden. Ihr fragt: »Aber wie ist das auf der physischen Ebene möglich?« Ich könnte es euch erklären, aber würdet ihr es verstehen?

Der Mensch kann Christus nicht in sich zur Welt bringen, solange er seine Mutter, die Erde, nicht verstanden hat. Wenn er nicht weiß, was die Erde ist, wenn er keine liebevolle, ehrfürchtige und bewusste Beziehung zu ihr hat, besteht keine

Möglichkeit, dass er seinen physischen Körper wandelt. Unser Körper ist mit der Erde verbunden, er ist aus ihr entstanden, ist ihre Frucht, ihr Kind, und deshalb kehrt er auch wieder zu ihr zurück. Wenn also die Beziehung des Menschen zur Erde gestört ist, kann Christus in seinen Handlungen, in seinem Körper nicht geboren werden. Man denkt nie daran, dass die Erde ein intelligentes Wesen ist. Sie wird nur nach dem geographischen Aspekt, in Bezug auf Einwohner, Meere, Ozeane, Seen, Berge, Flüsse usw. erforscht. Die Erde ist den Menschen gänzlich unbekannt, sie ist ein Geschöpf, das sie aufs Schlimmste schmähen und missachten und gerade diese Einstellung ist die Ursache für großes Unheil... eben weil wir unserer Mutter, die uns ihren Körper, unseren Leib gegeben hat, keinen Respekt erweisen.

Es gibt eine umfangreiche Wissenschaft, die sich mit der Beziehung zwischen Mensch und Erde beschäftigt. Wie er sich ihr gegenüber verhalten soll, wie er mit ihr sprechen und ihr danken soll, wie er aus ihr Kräfte schöpfen und ihr all seine Unreinheiten anvertrauen kann, damit sie diese umwandelt. Denn die Erde besitzt in ihrem Inneren Fabriken, in denen sie alles umwandeln kann. Ununterbrochen transformiert sie alle Unreinheiten, alle ihr überlassenen Abfälle und erzeugt damit Blumen, Früchte und alles Nützliche und Schöne. Ja, die Erde ist sehr intelligent!

Befassen wir uns jetzt mit den Worten, die der Engel zu den Hirten sprach: »Ehre sei Gott in der Höhe und Frieden auf Erden und den Menschen ein Wohlgefallen«. Habt ihr diese Worte begriffen? Warum Friede unter den Menschen und Ehre in der Höhe? Weil der Mensch, in dem das göttliche Kind geboren ist, den Herrn preist und Friede in seine Seele einkehrt. Das Kind bringt Frieden, weil es die Fülle mit sich bringt. Solange Mann und Frau kinderlos sind, fehlt ihnen etwas, aber wenn ein Kind da ist, erreichen sie die Fülle, das Dreieck, auf dem das Bauwerk errichtet wird. Deshalb ist die von Meister Peter Deunov gegebene Formel: »Bojiata lubov nossi peulnia jivot – die göttliche Liebe bringt die Fülle des Lebens« von so tiefer Bedeutung.

Die Seele soll die göttliche Liebe empfangen, genau wie die Frau die Zuneigung ihres Gatten entgegennimmt. Die göttliche Liebe, die die Lebensfülle bringt, ist die Liebe, die vom Christus-Kind kommt. Die Liebe ist nichts anderes als die Vorhersage, die Ankündigung des Kindes. Die Formel des Meisters hat wirklich einen sehr tiefen Sinn. Er hat sie uns nicht gegeben, damit wir sie automatisch nachsprechen, sondern damit wir mit ihr arbeiten und die Liebe Gottes unsere Seele berührt, damit sie das Kind, Christus, empfängt. Dann treten bedeutende Veränderungen in allen Bereichen unseres Lebens auf, alles verbessert sich, alles wird klarer! Es lohnt sich, ein ganzes Jahr, mehrere Jahre, ein ganzes Leben lang für die Geburt des Christus in uns zu arbeiten.

Ich habe nicht das ganze Kapitel des Evangelisten Lukas für euch interpretiert, sondern wollte nur auf einen Teil eures Innenlebens hinweisen, damit ihr euch bewusst werdet, dass die Geburt Jesu ein mystisches Ereignis ist, das in jedem Menschen geschehen kann. Wenn man die Meinung vertritt, dass die Geburt Jesu ein einmaliges Ereignis war, welches vor zweitausend Jahren stattgefunden hat, ist damit nichts erklärt. Erstens wäre dies unvereinbar mit der unendlichen Liebe Gottes. Man sagt, Gott sei Liebe, und trotzdem soll Er Seinen einzigen Sohn nur drei Jahre lang in ein kleines Land geschickt haben, wo doch die Menschheit schon seit Millionen von Jahren existiert? Wo und wie manifestierte sich dann Seine Liebe vor Jesu Geburt? Und danach hat Er die Welt wieder für Jahrtausende im Stich gelassen...? Nein, das ist doch Unsinn!

In Wahrheit ist Christus schon viele Male auf der Erde und auch auf anderen Planeten und im ganzen Weltall erschienen und wird es auch in Zukunft noch tun. Wenn ihr diese Tatsache nicht akzeptieren könnt, seid ihr in Wirklichkeit weder religiös noch Christen noch sonst etwas. Ihr glaubt die unwahrscheinlichsten Dinge, aber das Sinnvolle wollt ihr nicht glauben. Dauernd wird zitiert:

»Gott ist Liebe, Gott ist Liebe«... aber was nützt das, wenn man alles tut, um das Gegenteil zu beweisen? Man erzählt euch, diese Liebe habe sich auf der Erde nur ein einziges Mal in der Geschichte offenbart, und zu der Zeit wart ihr noch nicht einmal zugegen...!

Jetzt möchte ich noch Folgendes ergänzen: Vielleicht bezweifelt ihr das historische Erscheinen von Christus. Gut, einige Zweifler haben bewiesen, dass er nicht gelebt hat und haben ebenso wissenschaftliche Beweise dafür gegeben, wie diejenigen, die behaupten, dass er existierte. Was soll man davon halten? Nun, ganz einfach, dass der historische Aspekt gar nicht so wichtig ist. Angenommen man würde hundertprozentig beweisen, dass Jesus nicht gelebt hat, und alles nur ein Mythos ist, dann müsste man trotzdem noch das außergewöhnliche Talent der Verfasser der Evangelien anerkennen. Wenn jemand in der Lage war, Dinge von solcher Erhabenheit und Tiefe zu schreiben und ein solches Licht zu bringen, kann man nur staunen und die Frage, ob Jesus wirklich existiert hat oder nicht, wird völlig überflüssig.

Bewahrt also das Bild von der Krippe mit Joseph, Maria und dem Kind zwischen Esel und Ochse und dem über dem Stall leuchtenden Stern. Jetzt werdet ihr den Sinn besser verstehen.

Ebenso wie die Geburt eines Kindes alle Hoffnungen des Lebens in sich trägt, so enthält auch die alljährliche Geburt Christi im Universum die Zuversicht, dass Gott die Menschen nicht verlassen hat. Obgleich sie ständig Seine Gesetze übertreten, vertraut Er ihnen und schickt ihnen immer wieder einen Erlöser, denn Er will nicht, dass auch nur eine einzige Seele verloren geht. Selbst wer die größten Dummheiten angestellt hat, muss sich wieder neu erheben. Gewiss, er muss unter Leiden alles bezahlen und wieder gutmachen, aber Gott gibt ihm die Chance, in seiner Entwicklung weiterzugehen. Nur eines sollte man nicht, nämlich den Mut verlieren und sich keine Mühe mehr geben, um weiterzukommen.

Und vergesst nicht, dass Weihnachten noch einige Tage über den 25. Dezember hinaus andauert. Oben im Himmel wird ein Fest gefeiert, an dem ihr wenigstens in Gedanken teilnehmen solltet. Es ist schade, dass nur sehr wenige bewusst aus ihrem Körper austreten können, um tatsächlich daran teilzunehmen. Was die Mehrzahl der Menschen angeht, so reden wir lieber nicht darüber! Nachdem sie gegessen und getrunken und sich vollgestopft haben, sind sie nun krank! Aber von nun an müssen solche Feiern der Vergangenheit angehören, so darf man Weihnachten nicht mehr verbringen, prägt euch das tief ins Bewusstsein ein. Ihr seid geistige Schüler und sollt daran arbeiten, dass das Christus-Kind in euch geboren wird. Im Augenblick schafft ihr dafür die Voraussetzungen.

2

DIE ZWEITE GEBURT

I

Wenn ihr die Evangelien gelesen habt, erinnert ihr euch sicher an folgenden Abschnitt aus dem Evangelium des heiligen Johannes (Joh 3,ff):

»Es war ein Mensch unter den Pharisäern, mit Namen Nikodemus, ein Oberster unter den Juden. Der kam in der Nacht zu Jesus und sprach zu ihm: Meister, wir wissen, dass du bist ein Lehrer von Gott gekommen, denn niemand kann die Zeichen tun, die du tust, es sei denn Gott mit ihm. Jesus antwortete und sprach zu ihm: Wahrlich, wahrlich, ich sage dir, wenn einer nicht von neuem geboren wird, so kann er das Reich Gottes nicht sehen. Nikodemus spricht zu ihm: Wie kann ein Mensch geboren werden, wenn er alt ist? Kann er auch wiederum in seiner Mutter Leib gehen und geboren werden? Jesus antwortete: Wahrlich, wahrlich, ich sage dir, wenn einer nicht geboren wird aus Wasser und Geist, so kann er nicht in das Reich Gottes kommen. Was vom Fleisch geboren wird, das ist Fleisch, und was vom Geist geboren wird, das ist Geist. Lass dich's nicht wundern, dass ich dir gesagt habe: Ihr müsset von neuem geboren werden. Der Wind bläst, wo er will, und du hörst sein Sausen wohl, aber du weißt nicht, woher er kommt und wohin er fährt. So ist ein jeglicher, der aus dem Geist geboren ist.«

»Wenn einer nicht geboren wird aus Wasser und Geist, so kann er nicht in das Reich Gottes kommen.« Dieser Satz enthält große Geheimnisse... Ja, die zweite Geburt ist das Resultat der Arbeit von Wasser und Geist, man kann auch sagen, von Wasser und Feuer, denn das Feuer symbolisiert den Geist.

Ich habe schon häufig erwähnt, dass gemäß der Einweihungslehre Erde, Wasser, Luft und Feuer die vier Grundelemente der Welt sind. Erde, Wasser und Luft sind stoffliche Elemente, die wir mit unseren fünf Sinnen wahrnehmen können. Das Feuer geht dagegen bereits in den ätherischen Bereich über, das heißt, in die feinstofflicheren Schichten der physischen Welt. Feuer und Licht bestehen ebenfalls aus Materie, aber diese ist von solcher Feinstofflichkeit, dass es selbst den Wissenschaftlern noch nicht gelungen ist, sie wirklich zu erforschen.

In der Sprache der Symbole stellt das Wasser die Urmaterie dar und das Feuer den Geist. Wenn Feuer und Wasser zusammenarbeiten, bringen sie eine Kraft hervor, die man sich nutzbar machen kann. Die Menschen haben mit der Dampfmaschine eine fantastische und sehr wichtige Entdeckung gemacht, aber sie haben diese nur auf der physischen Ebene angewandt, um Apparaturen und Maschinen anzutreiben. Das ist noch sehr wenig. Wasser und Feuer symbolisieren die Materie und den Geist, aber auch die Frau und den Mann, was uns also zu den zwei Prinzipien Weiblich und Männlich führt, die durch ihr Zusammenkommen ein drittes Prinzip, nämlich die Energie, das Kind, zeugen. Man muss jedoch wissen, wie man dabei vorgehen soll, damit sie sich nicht gegenseitig zerstören! Wasser und Feuer können nur dann Energie produzieren, wenn sie durch eine Zwischenwand voneinander getrennt sind, zum Beispiel das Wasser in einem Topf. Sonst würde das Wasser verdampfen und das Feuer erlöschen; was übrigens in vielen Ehen der Fall ist. Mann und Frau versäumten in ihrer Unwissenheit eine kleine Trennungslinie zwischen sich zu errichten, und deshalb »verdunstet« die Frau und der Mann »erlischt«!

Wie soll man mit Wasser und Feuer arbeiten? Eben das lehrt die Einweihungswissenschaft. Denn Wasser und Feuer symbolisieren außerdem noch das Herz und den Intellekt. Das Herz ist weiblich und der Intellekt männlich, und jeder muss lernen, mit beiden zu arbeiten, sonst bleibt er »Junggeselle«! Ja, auf diesem Gebiet ist fast die ganze Menschheit »unverheiratet«. Die einen haben nur ihren Intellekt entwickelt und trocknen völlig aus, während die anderen nur im Herzen leben und so feucht sind, dass ihr Innerstes voller Wolken und Nebel ist... Sie besitzen keine Klarheit! In jedem Bereich kann man feststellen, dass die Menschen nicht begriffen haben, wie sie diese beiden Prinzipien, Feuer und Wasser, die gebende und die nehmende Seite in ihrem Wesen, verbinden sollen.

Wenn man die Entsprechung von Wasser und Feuer in der göttlichen Welt sucht, dann erkennt man, dass das Feuer die Weisheit darstellt und das Wasser die Liebe. Liebe und Weisheit vereint bringen die Wahrheit zur Welt; sie ist ihr Kind. Die Wahrheit ist das Christkind, das geboren wird, das heißt ein neues Bewusstsein. Denn Jesus ist nicht nur eine historische Figur, sondern auch ein Symbol, das zahlreiche Wirklichkeiten des spirituellen Lebens enthält. Gewiss, in der Geschichte war er ein Mensch namens Jesus, in der Mystik jedoch benennt man ihn nicht mehr mit seinem weltlichen Namen, dort nennt man ihn »Christus«, was so viel bedeutet wie »Höheres Ich«. Wenn es heißt, dass der Mensch in sich das Christus-Kind zur Welt bringt, dass er sich mit seinem Höheren Ich vereinigt, dass er den Heiligen Geist empfängt, dass er mit der Universalseele eins wird, so sind dies nur verschiedene Ausdrucksweisen, um ein und dieselbe Tatsache zu beschreiben. Wenn man dieses Thema eingehend studiert, entdeckt man natürlich Nuancen, aber das göttliche Ego, der Heilige Geist, die Universalseele, das heilige Feuer und die Göttliche Mutter können alle als Aspekte ein und desselben Prinzips betrachtet werden.

Die Universalseele ist der Ozean, in dem alles lebt, in dem alles sich bewegt und ernährt, sie ist das kosmische Gefäß der Urmaterie, der höchsten Energie, sie ist das, was die Inder als »Akasha« bezeichnen, der reinste Äther, in den wir alle eingetaucht sind. In dieser Universalseele, die überall gegenwärtig, allwissend und allumfassend ist, die alles von einem Ende des Weltalls zum anderen weitergibt, in den subtilsten Sphären dieser lebendigen Seele, die die Fülle, die Quintessenz, die Allwissenheit selbst ist, wohnen der Himmlische Vater, die Göttliche Mutter, Christus, der Heilige Geist. Wenn der heilige Paulus sagt: »In ihm bewegen wir uns und haben unser Dasein«, dann meint er damit die Universalseele. Sie ist eine Emanation Gottes, aber nicht Gott selbst. Man kann sagen, dass wir in Gott existieren. Genau genommen leben wir aber in einer Substanz, die Er ausgeströmt hat.

Am Anfang strömte von Gott eine Materie aus, die Urmaterie, die reines Licht war; sie ist die Universalseele, die bereits vor der Sonne und den Sternen existierte. Mit ihr hat der Herr alles erschaffen. Als Gott am ersten Tag der Schöpfung sprach: »Es werde Licht«, handelte es sich nicht um das Licht, das wir auf Erden wahrnehmen. Das unseren physischen Augen sichtbare Licht ist ein Abglanz, der uns nur eine schwache Vorstellung von dem wahren Licht gibt.

Das wahre Licht, das Gott am ersten Tage erschuf und mit dem Er nachher alles andere erschaffen hat, war also die Universalseele. Sie nährt den ganzen Kosmos, sie umfasst alles, in ihr schwimmen alle Wesen wie die Fische im Ozean. Dieses Licht besteht aus verschiedenen, mehr oder weniger feinstofflichen Sphären, ähnlich wie die atmosphärischen Schichten. Übrigens ist die Atmosphäre auch eine Art Ozean, in dem wir als eine ganz bestimmte Fischgattung »schwimmen« und von dessen Luft wir uns nähren. Über diesem Ozean aus Luft liegt ein weiterer Ozean von ätherischer Beschaffenheit, in dem wiederum andere Geschöpfe wohnen... Die Universalseele hat also verschiedene Etagen, mehr oder weniger dicht, mehr oder weniger feinstofflich bis zum Gipfel, der das Feuer ist, wo der Heilige Geist und die Göttliche Mutter wohnen.

Was versteht man unter »zweiter Geburt«? Die erste Geburt ist jedem klar: Das Kind wird mit Armen, Beinen, Nase, Mund, Lungen usw. auf unserer Erde geboren. Es atmet, isst, trinkt, spricht und läuft... Auch die zweite Geburt kann nur durch eine Befruchtung zustande kommen, aber diese findet in einer anderen Welt statt, wo der Geist sich mit der reinen Materie vereint, um ein göttliches Kind zu zeugen. Und wenn das Kind in der spirituellen Welt geboren ist, kann es auch in dieser Welt sprechen, gehen und arbeiten. Die zweite Geburt bedeutet also, in ein Universum anderer Dimension eintreten zu können und dort zu leben.

Aus der Vereinigung von Seele und Geist keimt ein neues Bewusstsein. Dieses neue Bewusstsein äußert sich als ein inneres Licht, das die Finsternis vertreibt, als intensive innere Wärme, mit der ihr euch niemals einsam fühlt, auch wenn euch alle verlassen haben, als üppiges Leben, das ihr überall sprudeln lasst, wo eure Füße euch hintragen; als Ströme der Kraft, die ihr dem Aufbau und der Verwirklichung des Reiches Gottes widmet, und auch als Freude, als unbeschreibliche Freude, sich mit dem ganzen Universum, mit allen hochentwickelten Seelen, verbunden zu fühlen und selbst ein Teil dieser Unermesslichkeit zu sein und schließlich als Gewissheit, dass keiner euch diese Freude nehmen kann... In Indien nennt man diesen Bewusstseinszustand das Buddha-Bewusstsein und bei den Christen die Geburt Christi.

Ja, das Erwachen des göttlichen Prinzips ist ein so bemerkenswertes inneres Ereignis, dass niemand sich darin täuschen kann. Es ist, als ob der ganze Himmel vor euch offen wäre, ihr spürt die Gegenwart eines anderen Wesens, das euch unterstützt, erleuchtet, schützt und erfreut. Selbst unter den schrecklichsten Umständen, bei völliger Entmutigung, fühlt ihr seine helfende Anwesenheit. Ja, ihr habt das Gefühl einer Gegenwart, einer ständigen Verbindung. Euch ist, als begleite euch die Flamme einer Lampe, die nie erlischt. Dann, wenn ihr es braucht, kann sie euch alles Licht und alle Wärme, die ihr euch wünscht, geben. Auch wenn ihr keinen Gebrauch davon macht, steht sie euch immer zur Verfügung.

»Wenn ihr nicht aus Wasser und Geist geboren werdet...« Die Eingeweihten, die die Sprache der Symbole kennen, nehmen die Worte »Wasser« und »Geist« nicht wörtlich, sondern finden für sie überall, auf jedem Gebiet, Zusammenhänge und Entsprechungen. In allen Regionen gelten dieselben Gesetze. Wenn auf der physischen Ebene Kinder geboren werden, dann ist das auch in den anderen Welten so.

Die zweite Geburt ist die Geburt in der göttlichen Welt; über diese Geburt entscheidet der Mensch selbst und er erreicht sie durch seine eigenen Anstrengungen. Auf Erden hat euch niemand um eure Meinung gefragt, ob ihr geboren werden wollt, andere haben euch herbeigerufen und euch geformt, ohne euer Dazutun. In Wirklichkeit habt ihr doch etwas dazu beigetragen, aber um die Sache einfacher zu machen, sagen wir heute, dass es nicht von euch abhängig war. Für die zweite Geburt dagegen seid ihr selbst verantwortlich; ihr selbst entschließt euch, in der Welt des Lichts geboren zu werden. Ihr formt euch bewusst, geduldig und verständig einen anderen Körper, um im Reich Gottes geboren zu werden.

»Wenn einer nicht geboren wird aus Wasser und Geist, so kann er nicht in das Reich Gottes kommen«... Mit anderen Worten, ohne die beiden Prinzipien in seinem Inneren kann er nicht ein zweites Mal geboren werden. Die zweite Geburt ist die Geburt Jesu, aber die Geburt Jesu ist gleichzeitig auch eure eigene Geburt. Die Mutter ist das Wasser, das heißt die Liebe, die Reinheit, das Leben; der Vater ist das Feuer, das heißt das Licht, der Geist. Besitzt ihr nicht die beiden Prinzipien Liebe – das weibliche – und Weisheit – das männliche –, könnt ihr nicht ein zweites Mal geboren werden. Bei einem Kind setzt man voraus, dass es eine Mutter und einen Vater hat. Nun, wenn Liebe und Weisheit fehlen, dann fehlen auch die Eltern, und das Kind wird nie zur Welt kommen. Ihr seid bereits einmal geboren, das stimmt, aber ihr seid noch nicht aus der Liebe und der Weisheit geboren. Wer die zweite Geburt als Christuskind erleben will, braucht Vater und Mutter, die höher entwickelt und

weiter fortgeschritten sind als seine physischen Eltern. Er braucht Liebe und Weisheit, und was dar-
aus geboren wird, ist das Kind, die Wahrheit, die
Fülle des Lebens, alles Reale und Wahre.

II

Das Leben eines Kindes beginnt nicht mit seinem Erscheinen auf der Erde; es lebte bereits im Leibe seiner Mutter, die es geformt hat. Eine Geburt lässt sich daher mit der Ausstellung eines Werkes von einem Bildhauer oder Maler vergleichen. Man zieht den Vorhang beiseite, und nun kann jeder das vollendete Kunstwerk bestaunen, das bis dahin verhüllt war. Ja, aber das Wesentliche ist die Tatsache, dass die Arbeit schon lange, schon in dem Moment, wo das Kind nur ein Samen, ein Keim war, begonnen hatte... Wenn wir das Phänomen der Geburt verstehen wollen, müssen wir darum zuerst einmal den Samen untersuchen.

Stellt euch eine Flüssigkeit vor, in der Kristallsalze aufgelöst wurden. Sie ist völlig durchsichtig, und man kann nichts in ihr erkennen. Ändert man aber ihren Zustand, wird sie zum Beispiel erwärmt, dann bilden sich Kristalle, die bestimmten Kraftlinien folgen, und ihr seht bald geometrische

Figuren erscheinen. Jedes Atom eines chemischen Elements hat die Eigenschaft, in einem bestimmten System zu kristallisieren, und auf diese Weise bilden sich alle Kristalle: Jedes Atom findet aufgrund bestimmter Kraftlinien seinen Platz. Im Samen vollzieht sich derselbe Vorgang, dieser gleicht einer chemischen Lösung mit spezifischen Eigenschaften, die den günstigen Moment abwarten, um sich zu manifestieren.

Ich gehe sogar noch weiter und behaupte, dass ein Same ein Talisman, ein Pentakel ist, vom Schöpfer darauf vorbereitet, Kräfte und Elemente aus dem Weltraum anzuziehen. Wenn der Same günstige Bedingungen erhält, das heißt, wenn er in die Erde gelegt wird und die nötige Feuchtigkeit und Wärme bekommt, dann zieht er alle ihm entsprechenden Elemente an und beginnt sein Wachstum. Der Same selbst besitzt keines dieser Elemente. Sie sind verstreut im Raum, und er muss sie alle von außen her aufnehmen. Der Same ist deshalb so winzig klein, weil er nur den Entwurf, den Plan dessen in sich trägt, wie der Baum später mit Wurzeln, Stamm, Ästen, Blättern und Früchten sein wird. Deswegen kann er mit einem Talisman verglichen werden, der auch all das, was seinen eigenen Schwingungen entspricht, wachruft und anzieht. Was Talisman und Pentakel betrifft, so beruht das Wissen der Eingeweihten übrigens auf der

Kenntnis der Gesetze, die das Wachstum des Samens bestimmen.

Das Saatkorn ist also nichts anderes als ein lebendiges Wesen, das ständig die kosmischen Kräfte und Elemente beansprucht, um seine Aufgabe erfüllen zu können. Seine Aufgabe besteht darin, seinem Vater, dem Baum, von dem es abstammt, zu gleichen. Der Schöpfer hat dem Samen aufgetragen, genau wie sein Vater, dem Baum, zu werden. Wenn der Same gesät ist, richtet er daher sein ganzes Streben – es sei denn, er ist beschädigt – auf diese Berufung: Er nimmt aus seiner Umgebung die Elemente auf, die ihm entsprechen und stößt andere ab. Auf diese Weise verwirklicht er den Entwurf, den er in sich trägt.

Für den Menschen gilt das Gleiche. Weil Gott ihn nach Seinem Bild geschaffen hat, hat der Mensch die Möglichkeit, wenn er sich richtig entwickelt, zu werden wie Er. Wenn er im Moment noch sehr weit davon entfernt ist, Ihm zu gleichen, dann liegt dies an den Eltern, die sich bei der Zeugung nicht darum kümmerten, ihm einen Entwurf der Vollkommenheit mitzugeben, der die besten Aufbaustoffe aus dem Kosmos anziehen würde, um aus ihm einen wahren Sohn, eine wahre Tochter Gottes zu machen.

Es ist wichtig, dass ihr diese Idee richtig versteht. Der Keim des werdenden Kindes ist genau wie das gesäte Samenkorn: Er wird dem Licht

ausgesetzt, begossen, vor Insekten geschützt –
symbolisch gesprochen – und dann wächst er
heran. Die im Keim enthaltenen Kräfte beginnen
zu schwingen und ziehen die Aufbaustoffe an, die
ihnen entsprechen: Reinheit, Gesundheit, Schönheit, Güte, Intelligenz oder im Gegenteil Fehler
und Laster. Die Natur ist ihren Gesetzen absolut
treu. Wenn die Eltern also klagen: »Sieh einer dieses schreckliche Kind an, das Gott uns geschickt
hat!«, dann sollten sie wissen, dass nicht Gott ihnen dieses Kind geschickt hat, sondern dass sie es
selbst modelliert und geformt haben. Wären sie
bewusster und aufmerksamer vorgegangen, dann
wäre es anders geworden.

Ein Samenkorn... Das ganze Universum ist in
einem Saatkorn oder einem menschlichen Samen
zusammengefasst. Welche Wissenschaft ist imstande, den Vorhang des Geheimnisses zu lüften,
was ein Samen ist?

Als ich von der Zeugung und der Schwangerschaft* sprach, sagte ich, dass der Samen, den der
Vater im Moment der Zeugung der Mutter gibt,
den Entwurf für das Kind enthält – genau wie ein
Plan oder ein Schema. Was die Mutter betrifft, so
besteht ihre Arbeit darin, während der neun Monate Schwangerschaft alle Elemente anzuziehen,
die zum Aufbau des Bauwerks nötig sind. Und

---

* Siehe Kapitel 2 aus »Die Erziehung beginnt vor der Geburt«,
  Band 203 aus der Taschenbuchreihe Izvor.

dieses Bauwerk umfasst den physischen Körper des Kindes, aber auch seine feinstofflichen Körper. Damit die Aufbaustoffe von bester Qualität sind, muss die Mutter ständig auf ihre Gedanken und Gefühle achten.

Durch seine psychische Einstellung verändert jeder Mensch die Elemente, die seine Zellen und sein Blut formen. Eine schwangere Frau verursacht durch eine disziplinlose Lebensführung Veränderungen in ihrem Körper, die sehr schädlich für das Kind sind, das sie trägt und nährt, weil sie damit der Struktur des Kindes Elemente zuführt, die später alle negativen Schwingungen auffangen. Natürlich haben die meisten Ärzte von dieser Wissenschaft noch keine Ahnung. Ihrer Ansicht nach hat das moralische Verhalten der Mutter während der Schwangerschaft keinerlei Einfluss auf das Kind. Ihre Ratschläge beziehen sich nur auf den körperlichen Bereich, auf Nahrung, Aktivitäten, Schlaf usw... Aber eines Tages werden sie diesen Fehler einsehen und anerkennen müssen, dass das Schicksal des Kindes zu einem großen Teil vom Gemütszustand der Mutter während der Schwangerschaft abhängt.

Genau wie die Mutter hat auch der Schüler die Aufgabe, in sich einen anderen, einen geistigen Körper zu formen, der ihm die zweite Geburt ermöglicht. Er besitzt bereits die Idee, den Entwurf dazu: das Reich Gottes und Seine Gerechtigkeit, die Vollkommenheit, die Harmonie. Und jetzt muss er dies verwirklichen, indem er Tag für Tag die Materialien herbeiträgt. Obwohl es richtiger wäre zu sagen, dass es die Teilchen sind, die ganz automatisch auf ihn zukommen. Sowie ihr einen Entwurf habt, zieht dieser alle ihm entsprechenden Elemente aus dem Kosmos an und verteilt sie je nach seinen eigenen Kraftlinien.

Die zweite Geburt ist eine bewusste Arbeit, ausgehend von einem Schema, das wir in uns tragen, in unserem Kopf. Und diese Arbeit unterliegt den Gesetzen der Galvanoplastik, die ihrerseits Gesetze der göttlichen Magie sind. Möchtet ihr gerne einem Heiligen oder einem großen Meister, den ihr besonders liebt, ähnlich sein? Dann gleicht ihr einer Mutter, die das Idealbild des Kindes in sich trägt, das sie haben möchte, und alle Kräfte eures Unterbewusstseins machen sich an die Arbeit, um dieses Bild zu verwirklichen. Selbst wenn es euch in dieser Inkarnation nicht ganz gelingt, bleiben euch die Ergebnisse eurer spirituellen Bemühungen für die nächste erhalten, und ihr könnt damit eure Arbeit fortsetzen. Aber ihr müsst wenigstens schon heute den Anfang dafür machen, denn sonst kann Christus nie in euch geboren werden, weil nur ihr allein ihm die Voraussetzungen für seine Geburt schaffen könnt.

Wenn ich von der Arbeit spreche, die eine Mutter an dem Kind in ihrem Schoß vollbringt, dann meine ich damit natürlich eine Arbeit im Unterbewusstsein, denn sie selbst hat keine Ahnung, wie diese Arbeit vonstatten geht, sie weiß nicht einmal, wie ihr Kind sein wird. Denn in ihr manifestiert sich die Weisheit der Natur. Die Frau selbst lebt ungefähr genau so weiter wie vorher, ohne sich der Vorgänge in ihrem Inneren im Einzelnen bewusst zu sein; glücklicherweise übrigens, denn es handelt sich dabei um so komplizierte Vorgänge, dass sie dabei den Verstand verlieren würde...! Ebenso wenig braucht auch der Schüler, wenn er die Rolle der Mutter übernimmt, um ein göttliches Kind zur Welt zu bringen, die Einzelheiten seiner Entstehung genau zu kennen. Er hat die Aufgabe, den Samen zu finden und sich anschließend so zu verhalten, dass die Geburt des Kindes begünstigt wird; das heißt, er muss auf seine Gedanken, Gefühle und Handlungen achten, damit diese untadelig sind und das Kind mit ihren feinstofflichen, lichtvollen Teilchen nähren.

Wir sind nur für ein gutes, vorschriftsmäßiges Verhalten verantwortlich und müssen die reinsten Elemente heranbringen. Alles Übrige führt die Natur selbst in den Tiefen unseres Unterbewusstseins aus. In dem Moment, wo unser Verhalten gut ist, löst sie alle Vorgänge aus, die die Geburt des göttlichen Kindes begünstigen. Deshalb haben die

Weisen schon immer auf der Notwendigkeit eines tadellosen Verhaltens bestanden, denn nur dadurch können günstige Kräfte in Bewegung gesetzt werden. Die Menschen missachten solche Ratschläge und meinen, das hätte nicht die geringste Bedeutung. Aber Jahre später müssen sie einsehen, dass es doch von Bedeutung war. Die ewigen Regeln und Gesetze sollten nicht diskutiert, sondern in die Tat umgesetzt werden.

Die Lebensweise der Mutter ist das Ausschlaggebende, damit das Kind unter guten Bedingungen zur Welt kommen kann. Dies gilt sowohl für das physische als auch für das psychische Leben. Die Arbeit geht so lange weiter, bis der Vorhang sich eines Tages hebt und das Kind erscheint. Dann stellen sich die himmlischen Geister in seine Dienste, denn es ist ein Königskind; der ganze Himmel will es bewundern und ihm alles zur Verfügung stellen, was es braucht. In dem Augenblick, wo es geboren ist, ist es selbständig und führt ein vom Schüler unabhängiges Leben... Es gibt nichts Höheres, als seine Zeit und seine Energien der Geburt dieses Kindes zu widmen, alles andere ist unbedeutend.

Alles, was in den Evangelien über die Geburt Jesu steht, mag aus historischer Sicht wahr sein, aber es ist vor allem aus symbolischer Sicht wahr. Es ist nebensächlich, ob es in Bethlehem während dieser Nacht wirklich einen Stern, Engel, Hirten, eine Krippe, einen Esel und einen Ochsen gab. Symbolisch gesehen ist es wahr, und das ist das Bedeutende. Jedes Mal, wenn das göttliche Kind in einer Seele geboren wird, leuchtet der Stern auf, alle Engel singen, die Heiligen Drei Könige verbeugen sich und bringen ihm Geschenke. Die gleichen Phänomene haben sich schon öfter in der Geschichte ereignet, jedes Mal wenn ein Erlöser der Menschheit geboren wurde. Denn Jesus war nicht der einzige Heiland.

Vom Schüler verlangt man also nur, dass er einige Samenkörner aus der Scheune holt, dass er sie sät – das können die Samen schließlich nicht alleine – und ihnen ständig gute Bedingungen schafft. Damit ist seine Arbeit getan, und die Naturkräfte sagen zu ihm: »So, jetzt kannst du dich ausruhen, lass uns nur weitermachen. Erde, Sonne und Regen machen sich an die Arbeit!« Ja, wir brauchen den Prozess nur auszulösen, die Natur kümmert sich dann um die Verwirklichung. Genau wie bei der Zeugung eines Kindes, wo der Vater den Vorgang auslöst und die Mutter, welche die Natur repräsentiert, sich um seine Durchführung kümmert.

Jetzt braucht ihr also nur noch die himmlischen Wesen, die euch umgeben, euch zuhören und euch besuchen, zu bitten, bei der Realisation dieses riesigen Vorhabens – der Geburt des Göttlichen in euch – zu helfen. Später müsst ihr dann jeden Tag

weiterhin die Aufbaustoffe heranschaffen, darauf
achten, dass sie rein und harmonisch sind und sie
reinigen, ausbessern oder wegschaffen, wenn sie
nicht in Ordnung sind. Zwischen den Schwierigkeiten der körperlichen und der geistigen Arbeit
besteht kein so großer Unterschied, bei beiden gibt
es immer einige Spritzer und Flecken... Wenn ihr
jedoch achtsam seid, wenn ihr mit den von Gott
gegebenen Werkzeugen – dem Intellekt, dem Herz
und dem Willen – weiter arbeitet, und sobald ihr
merkt, dass etwas nicht stimmt, es sofort mit Geduld, Vorsicht und ohne Gewalt wieder richtig
stellt, dann bringt jeder Tag euch seinen Segen,
sein Licht, und euer Leben erfüllt sich mit unbe-
schreiblicher Freude, Hoffnung und Liebe, ganz
einfach deshalb, weil ihr die Arbeit macht, die
Gott von euch verlangt.

Ja, Gott verlangt diese Arbeit von euch, ohne
sie werdet ihr oben, in der großen Versammlung
der Engel und Erzengel nicht empfangen...! In den
Evangelien spricht Jesus von einem Mann, der
beim königlichen Fest keinen Zutritt erhielt, weil
er keine Festkleidung trug. Auch die ist natürlich
symbolisch gemeint: Die Kleider, die uns Zugang
zu den Festen oben verschaffen, sind Lichtgewän-
der, das ist die Aura, das Symbol aller guten Eigenschaften und Tugenden.

3

DIE GEBURT AUF DEN VERSCHIEDENEN EBENEN

Bestimmte Vorgänge im spirituellen Leben verlangen einen Wechsel der Polarität. Wenn der Schüler den Christus in seinem Inneren zur Welt bringen will, muss er zunächst den Vater dieses Kindes suchen. Ist er ein Mann, so muss er sich an den negativen Pol anschließen und wie eine Frau werden, das heißt, er muss Demut, Sanftmut und Geduld entwickeln. Wenn ein Mann auf physischer Ebene ein Kind zeugen will, muss er tatkräftig, positiv und emissiv sein; wenn er aber im spirituellen Bereich selbst ein Kind gebären will, muss er die weibliche Polarität annehmen und die entsprechenden Fähigkeiten entfalten, um den kosmischen Geist anzuziehen. In diesem Moment kann die Zeugung stattfinden, und dann nährt er das Kind genau wie eine Mutter, indem er alles, was die innere Arbeit am Kind stören könnte, vermeidet.

Auch eine Frau kann ein göttliches Kind zeugen, aber sie muss ebenfalls ihre Polarität wechseln.

Im physischen Bereich ist die Zeugung nur dann
möglich, wenn die Frau passiv, aufnehmend ist,
aber auf der spirituellen Ebene muss sie aktiv werden und sich mit der Universalseele vereinen. Sie
muss die Universalseele »umwerben«, dann wird
das Kind geboren. Ich sehe, dass ihr erstaunt seid
über meine Erklärungen, weil die Umkehrung der
Polaritäten für euch etwas Neues ist, aber trotzdem
müsst ihr darüber Bescheid wissen.

Wenn sich Mann und Frau vereinen, strömen
alle Energien des Mannes in den unteren Bereich
seiner Wirbelsäule und werden von dort aus auf
die Frau übertragen; dann steigen sie an ihrer Wirbelsäule entlang bis hinauf zu ihrem Gehirn und
werden von dort aus wieder auf den Mann übertragen. Die Frau nimmt also die Energien unten
auf und gibt sie oben wieder an den Mann zurück.
Auf diese Weise wird ein großartiger Kreislauf in
Bewegung gesetzt. Aber das ist noch nicht alles,
denn wenn man die Polaritäten des Mannes und
der Frau auf den verschiedenen Ebenen untersucht, stellt man außerordentliche Überkreuzun-
gen fest. Im physischen Bereich ist der Mann
aussendend, emissiv, im astralen aufnehmend, re-
zeptiv, und im mentalen wieder aussendend usw.
Umgekehrt ist die Frau auf der physischen Ebene
aufnehmend, auf der astralen aussendend und auf
der mentalen wiederum aufnehmend... Dank dieser Umkehrung der Polaritäten kann zwischen

Mann und Frau auf allen Ebenen ein sehr reicher Austausch stattfinden.

Im physischen Bereich ist die Aufgabe der Frau nur das Kind auf die Welt zu bringen, denn den Samen kann sie nicht geben. Aber sie muss wissen, dass sie im Astralbereich aussendend ist, und wenn sie da ein Kind zeugen will, sie die Universalseele befruchten kann. Will dagegen der Mann ein göttliches Kind zur Welt bringen, so muss er sich im Astralbereich mit dem kosmischen Geist vereinen. Aber der kosmische Geist besucht nicht jeden, er ist ein Prinz, und ein Prinz sucht seine Geliebte nicht in Elendsquartieren oder an Orten der Ausschweifung. Will also ein Eingeweihter den Blick des Universalgeistes auf sich lenken, dann bemüht er sich, seine Seele zu einer wunderbaren Prinzessin voller Liebe, Demut und Sanftmut zu machen, immer bereit, Gottes Willen zu erfüllen und Ihm ihr ganzes Leben zu schenken. Aus diesem Grund hat die Religion schon immer ein aufnahmebereites, ergebenes, verehrendes Verhalten dem Himmel gegenüber empfohlen: sich verbeugen, niederknien, flehend niederfallen; das heißt, symbolisch gesehen, eine Frau zu werden.

Wenn aus der Seele des Schülers eine mit Perlen und Edelsteinen geschmückte junge Prinzessin geworden ist, vereint der kosmische Geist sich mit ihr und befruchtet sie. Aber der Schüler muss äußerst wachsam bleiben, denn es kommt vor, dass manche, die vorgeben, den Heiligen Geist zu suchen, in Wirklichkeit nur den Teufel herbeilocken! Da sie vernachlässigt hatten, sich erst einmal zu läutern, haben sie zwar Geister angezogen, ja, aber die Geister der Finsternis. Wie soll der Heilige Geist euch besuchen, wenn ihr nicht danach strebt, ein göttliches Leben zu führen...? Aber die beste Methode, ihn herbeizurufen, ist eure uneingeschränkte Liebe zu ihm.

In dem Augenblick, wo sich diese Vereinigung vollzieht, spürt der Schüler, dass sich zum ersten Mal in seinem Leben etwas Wunderbares, Unendliches und Großartiges ereignet. Er ist davon völlig überwältigt, sein ganzes Wesen schwingt vor Freude und Hoffnung. Das Kind bildet sich nach und nach, und die Energien des Schülers werden nun nicht länger in Äußerlichkeiten vergeudet oder gehen durch Dummheiten und Belanglosigkeiten verloren. Sie werden alle der Ernährung des Kindes gewidmet, genauso wie es mit dem Blut der Mutter während der Schwangerschaft geschieht.

Wenn nun ein Eingeweihter, ein Theurg, auf der mentalen Ebene Kinder zeugen will, kann er das auch, denn in diesem Bereich ist der Mann emissiv. Durch die Kraft seiner Gedanken befruchtet er die Universalseele und bevölkert auf diese Weise das Universum mit Tausenden von göttlichen Geschöpfen. Übrigens hat ein wahrer Magier überhaupt kein Verlangen danach, auf der physischen Ebene Kinder zu haben. Er will nur geistige Wesen erschaffen, und deshalb verbindet er sich ständig mit der Kosmischen Frau, dem ewigen weiblichen Prinzip. Die Frau, die im Mentalbereich aufnehmend ist, kann sich dagegen mit dem Schöpfer-Prinzip vereinen und dort ein Kind gebären, dessen Same von Gott selbst kommt, in Form eines Ideals, eines göttlichen Planes, dem sie Aufbaustoffe zur Verwirklichung gibt. Aber ich wiederhole: Wenn die Frau selbst Kinder erschaffen will, so kann sie dies auf der Astralebene, indem sie die Universalseele befruchtet. Der Mann befruchtet die Universalseele im Mentalbereich, die Frau im Astralbereich.

All dies ist ganz eindeutig, aber mit solchen Fragen beschäftigt man sich gewöhnlich nicht. Fassen wir also zusammen: Auf physischer Ebene zeugt der Mann das Kind, während die Frau es nur formen und zur Welt bringen kann. Im Astralbereich ist es umgekehrt. Dort zeugt die Frau das Kind und der Mann formt es und bringt es zur Welt. Im Mentalbereich finden wir wieder die gleiche Polarität wie auf der physischen Ebene: Der Mann zeugt und die Frau formt. Es ist wichtig, den Unterschied zwischen der Zeugung und dem Vorgang des Formens genau zu verstehen, denn ohne die Kenntnis des Polaritätenwechsels kann man in der spirituellen Welt nichts wirklich realisieren.

Das, was die Evangelien die zweite Geburt nennen, ist also die Geburt des Christus, die Geburt des göttlichen Kindes in unserem Innern. Ihr fragt:»Ja, werde ich selbst denn ein zweites Mal geboren oder ist es ein anderer, der in mir geboren wird?« In Wirklichkeit ist es das Gleiche, ob ihr es seid oder ein anderer. Aber man kann sagen, dass ihr es selbst seid, denn ihr spürt ja ein anderes Bewusstsein, andere Gedanken, andere Gefühle, ihr tretet in eine seit aller Ewigkeit bestehende Welt ein, die euch bis dahin verschlossen blieb, weil ihr noch nicht zum zweiten Mal geboren wart.

Mit der ersten Geburt treten wir in die Welt der Materie ein, die wir erforschen und in der wir an unserer Weiterentwicklung arbeiten sollen. Aber das genügt nicht. Es gibt noch eine andere Welt, eine Welt, die reines Licht, reine Liebe und reine Schönheit ist. Und eines Tages müssen wir auch bis in diese Welt vordringen, um sie zu ergründen, ihre Musik zu hören, ihren Duft einzuatmen, ihre Blumen, Bäume, Seen und Berge zu bewundern... Ihr fragt:»Gibt es denn alle diese Dinge auch in der anderen Welt?« Ja, es gibt dort sogar riesengroße Warenhäuser, in denen ihr alles kaufen könnt, was euch gefällt. Und mit welchem Geld...? Ihr braucht kein Geld, dort dient euch eure Liebe als Geld. Wenn ihr viel Liebe besitzt, dann seid ihr dort oben reich und könnt euch alles kaufen.

Ich sagte also, dass ihr selbst geboren werdet, dass aber gleichzeitig auch ein anderer in euch geboren wird, ein Kind, dessen Vater Gott selbst ist. Die menschliche Seele ist Mutter geworden, der es gelungen ist, durch ihre Tugenden den kosmischen Geist anzuziehen. Der kosmische Geist ist ständig anwesend, immer gegenwärtig, er begehrt nur, bei uns Einlass zu finden und uns zu beschenken. Aber wie soll er hereinkommen, wenn alles verschlossen und verriegelt ist? Nur wer sich entscheidet, sein Leben dem Aufbau des Reiches Gottes auf Erden zu widmen, kann den Geist anziehen. Dann geschieht eine Öffnung in seinem Herzen und in seiner Seele, es ist wie ein Sprühen bei einem Feuerwerk, und über seinem Haupt blitzen Funken wie eine Krone. Auf diese Weise leuchten dann in der Finsternis dieser Welt, in dieser sternenlosen Nacht, in der alle jammern und sich gegenseitig vernichten, hier und da Lichter auf, helle Strahlen, die für den Geist Zeichen sind. Er orientiert sich an den Lichtsignalen und stellt dieses Wesen unter seinen Schutz.

Vielleicht versteht ihr jetzt besser, warum das Symbol eines großen Eingeweihten, eines wahren großen Meisters, die Androgynie ist. Sie bedeutet, dass er ein Wesen ist, welches das männliche und das weibliche Prinzip in vollkommener Ausgeglichenheit in sich trägt. Wenn das göttliche Kind in ihm geboren werden soll, muss er gleichzeitig

Vater und Mutter, Mann und Frau sein. Als Vater löst er den Vorgang der Zeugung aus, als Mutter nährt und formt er das Kind. Ein Eingeweihter ist ein Mensch, der in der Fülle lebt, dem nichts fehlt, er besitzt beide Prinzipien und sucht nicht zeitlebens seine »andere Hälfte«, wie es die meisten Menschen tun. Die Tatsache, dass die Welt nur von »Hälften« bevölkert ist, die einander suchen, ist übrigens ein Beweis dafür, dass die Menschen noch weit von der Philosophie der Eingeweihten entfernt sind.

Durch diese Erklärungen kann ich nach und nach einen Teil der Lehre über die beiden Prinzipien wieder richtig stellen, die Melchisedek Abraham gab, als er ihm Brot und Wein brachte. Ja, die Art und Weise wie ein Eingeweihter vorgeht, um das göttliche Kind, Christus, in sich zur Welt zu bringen, ist Bestandteil der von Melchisedek erteilten Einweihung.

4

»WENN IHR NICHT STERBT, SO WERDET
IHR NICHT LEBEN!«

Ihr wartet darauf, dass ich zu euch spreche... aber was wollt ihr denn noch hören? Schaut einmal, die Natur hat doch schon über alles zu uns gesprochen. Habt ihr bemerkt, dass sich ringsherum alles erneuert, dass der Frühling erwacht? Aha, das habt ihr gesehen...? Sehr schön. Man fühlt, dass alles sich rührt, dass eine neue Welle aus dem Kosmos alles überrollt und bald schmückt sich die Erde mit Blumen, Bäumen und Vögeln... welch eine Pracht! Oh, der Frühling, er ist eines der wunderbarsten Ereignisse im Leben.

Jedes Jahr erneuert sich alles... Ja, alles, außer den Menschen! Sie bleiben so wie sie sind und passen sich dieser Erneuerung nicht an. Sie spüren wohl, dass etwas Besonderes in der Luft liegt, aber sie lassen sich davon nicht beeinflussen. Jetzt müssen sie lernen, ihre inneren Türen und Fenster zu öffnen, damit dieses neue Leben auch in sie einziehen und sie durchdringen kann. Das ist das

Wichtige, das ich euch heute Morgen sagen kann. Denn es ist schade, dass dieser Frühling nur in der Natur stattfindet, und dass die Menschen, die zu sehr auf ihre alten Gewohnheiten konzentriert sind, ihn fast nicht bemerken. Man muss frei und ungebunden sein und dieses neue Leben mit offenen Armen empfangen. Gewiss, unbewusst regt sich doch in jedem etwas, besonders bei den Jugendlichen. Sie wissen zwar nicht, was in ihnen vorgeht, aber sie spüren einen Antrieb, ein Bedürfnis zu lieben. Diese Stimme, die überall ruft und die Samen und Keime auffordert: »Wacht auf, jetzt müsst ihr wachsen und gedeihen!«, hat unglaubliche Kraft, aber die meisten sind ihr gegenüber taub, steif und rühren sich nicht.

Für den Eingeweihten ist die Periode um die Frühjahrs-Tag-und-Nacht-Gleiche sehr wichtig. Er nützt diese Zeit, um eine gründliche Arbeit der Läuterung und Erneuerung vorzunehmen. Ja, es genügt nicht, festzustellen, dass die Vögel singen, die Blumen wachsen und die Leute ein bisschen fröhlicher sind, denn es gibt viel zu tun, man muss an seiner Erneuerung arbeiten. Wenn ihr morgens zum Sonnenaufgang kommt, so sollt ihr nichts anderes im Kopf haben als diese Erneuerung. Lasst alles andere, alles Alte und Hinfällige beiseite und konzentriert euch ausschließlich auf das neue Leben, damit ihr euch mit diesem starken Strom, der aus dem Herzen des Universums sprudelt, verbindet.

Ja, freut euch, singt und tanzt, der Frühling ist da! »Aber für uns ist die Zeit vorbei... der Frühling gehört der Jugend«, werden einige sagen. Mit solchen Überlegungen trennen sie sich vom Leben ab. Alle müssen an der Erneuerung teilnehmen, da gibt es keinen Unterschied zwischen Alt und Jung. Habt ihr schon einmal alte Bäume klagen gehört: »Oh, wisst ihr, wir sind zum Blühen und Grünen zu alt, das überlassen wir jetzt den Jungen«? Nein, auch sie schmücken sich im Frühjahr mit Blättern und Blüten. Also müssen sich selbst die betagten Großmütter und Großväter dem Kreis anschließen und – symbolisch gesehen – mittraben, hüpfen und tanzen, dann wird es ihnen besser gehen.

Wie kann man übersehen, dass die ganze Natur an uns denkt? Jedes Frühjahr schenkt sie uns alle für das ganze Jahr notwendigen Kräfte und Anregungen und es liegt an uns, sie nicht ungenützt vorübergehen zu lassen.

Heute Morgen beim Sonnenaufgang habt ihr schon so viel bekommen, was soll ich jetzt noch hinzufügen? Ich bin nur dazu da, bestimmte Phänomene auszulegen, euch Erklärungen und Richtlinien zu geben, das ist alles; für das Übrige wendet euch an die Sonne! Schaut nur, was sie mit den vielen schlafenden Samenkörnchen macht! Sie ruft ihnen zu: »Worauf wartet ihr noch? Ihr müsst jetzt etwas geben! Hopp, hopp, an die Arbeit!« – »Aber wir sind doch so klein und so

schwach...« – »Nein, nein, versucht es nur, dann
werde ich euch schon helfen...!« Daraufhin fassen
all diese winzigen Samenkörnchen Mut, die Sonne erwärmt sie jeden Tag, streichelt sie, spricht
mit ihnen und bald blühen wunderschöne Blumen
auf, die Dichter, Maler und Musiker entzücken
und inspirieren. Und warum sollte für uns nicht
das Gleiche gelten?

Auch wir sind Samen, die irgendwo in der spirituellen Erde schlummern und auch wir können
unter dem Einfluss der Sonnenstrahlen so herrli-
che Farben und erlesene Düfte verbreiten, dass
selbst die göttlichen Wesen darüber entzückt sind.
Was ist eine Blume? Sie kann weder singen, noch
tanzen, noch Geige spielen, und dennoch sind sogar Sänger, Tänzer und Musiker von ihr bezau-
bert... Wenn auch wir wie die Blumen sein könnten, warum sollten dann nicht auch die göttlichen,
uns weit überlegenen Wesen herbeikommen, um
uns zu bewundern? Sie würden sagen: »Oh, was
für eine hübsche Blume!« und würden sich um uns
kümmern, damit wir noch reiner, leuchtender und
duftender werden.

Dies also ist die Erneuerung, die Regenerie-
rung, die nun naht und gerade dieser Vorgang
interessiert uns, alles andere müssen wir beiseite
lassen. Die Zeit um die Frühjahrs-Tag-und-Nacht-
gleiche ist einer der wichtigsten Abschnitte des
Jahres. Wenn Jesu Auferstehung ausgerechnet in

diesen Zeitraum fällt, dann handelt es sich in Wirklichkeit um die Auferstehung der ganzen Natur, die schon lange vor Jesus gefeiert wurde. Im Laufe der Jahrhunderte ist jedoch das Wissen der Einweihungslehre verloren gegangen, und heute wissen die Christen nicht mehr, wie die Auferstehung tatsächlich zu verstehen ist.

In allen heiligen Einweihungsstätten der Vergangenheit, lange vor Jesus, offenbaren Hierophanten ihren Schülern das Geheimnis der Auferstehung, das den Eintritt in die Reihen der Unsterblichen ermöglicht. Die Eingeweihten haben die Auferstehung zunächst in der Natur erforscht, die schon immer ihr Lehrmeister war. Sie haben die Natur beobachtet und zum Beispiel anhand der Metamorphose einer Raupe in einen Schmetterling oder des Samens, der sterben muss, wenn er zur Frucht werden will, ihre Lehren verstanden.

»Wer sein Leben retten will, wird es verlieren« (Mt 16,25, Lk 9,24), sagte Jesus. Der Begriff Auferstehung ist zwangsläufig mit den Phänomenen Tod und Zerfall verbunden. Solange der Samen nicht stirbt (Jh 12,24), kann die Lebenskraft, die in ihm verborgen ist, sich nicht manifestieren. Im Menschen muss die niedere Natur sterben und dem Geist, dem göttlichen Prinzip, den Platz überlassen, damit dieses sich befreien kann, um zu wirken und alles zu verwandeln.

Das Geheimnis der Auferstehung liegt in der Natur offen vor uns. Es wartet darauf, dass wir es verstehen und uns entscheiden, bewusst zu sterben, damit aus uns ein neuer Mensch wird. Sehr wenige, selbst unter den Eingeweihten, sind bis zur Auferstehung vorgedrungen und unsterblich geworden, weil nichts schwieriger ist als die niedere Natur zu besiegen, denn sie ist ausgesprochen schlau und listig, wenn es darum geht, uns einzuwickeln... Nur mit sehr viel Unterscheidungsvermögen, beständiger Liebe und starkem Willen können wir ihr entkommen.

In bestimmten früheren Einweihungen waren Tod und Auferstehung die letzte Prüfung für den Schüler, der die vorangegangenen Etappen erfolgreich bestanden hatte. Unter Aufsicht seiner Meister, die ihn mit Hilfe gewisser Kenntnisse in einem hypnotischen Zustand hielten, wurde er drei Tage und drei Nächte in einen Sarg gelegt. Sie lösten seinen Äther- und seinen Astralkörper von seinem physischen Körper, sodass der Schüler im Weltenraum reisen konnte. In den drei Tagen besuchte er alle Bereiche: die Hölle, das Paradies usw. Er betrachtete alles, war erstaunt, verzückt, erschrocken und berührte die Wahrheit. Bei seiner Rückkehr hatte sich das Verhältnis zwischen seinem ätherischen, seinem astralen und seinem physischen Körper völlig verändert. Sein Gehirn hatte alles

Gesehene und Erlebte registriert, und er konnte sich in allen Einzelheiten daran erinnern.

Einige geistige Bewegungen haben diese Tod und Auferstehung betreffenden Riten beibehalten. Leider handelt es sich in den meisten Fällen nur noch um ein großes Theater, denn die Eingeweihten und großen Meister sind nicht mehr da. Da liegt irgendein Esel im Sarg – entschuldigt, wenn ich mich so ausdrücke –, umgeben von Leuten, die so tun, als würden sie aufpassen und das Geschehen leiten... Und wenn er wieder aus seinem Sarkophag steigt, ist er genauso wenig erleuchtet wie vorher. Solange die Menschheit den Sinn für das Heilige nicht wiederfindet, ist dies nur eine entfernte Erinnerung an die alten Bräuche. Aber dieses ganze Wissen wieder aufzuspüren und es selbst zu leben, ist sehr schwer, denn man muss sich erst einmal aus den Klauen seiner niederen Natur befreien, und das wollen nur sehr wenige.

Die Symbole der beiden Dreiecke, das eine mit der Spitze nach oben und das andere mit der Spitze nach unten, zeigen uns mehrere Wege, die zu Auferstehung und Unsterblichkeit führen. Sie stellen die beiden universalen Strömungen der Evolution und der Involution, des Aufstiegs der Materie und des Abstiegs des Geistes dar. Sie lehren uns, wie wir uns bis zur Gottheit erheben, um mit ihr zu verschmelzen, aber gleichzeitig auch, dass wir sie auf uns lenken sollen, damit sie in uns wohnt und sich in uns offenbart.

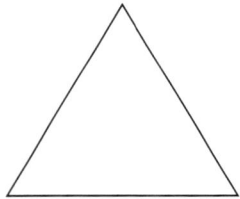 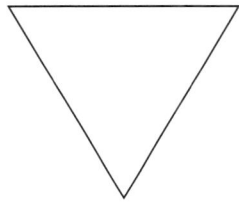

Dabei sagt ihr: »Herr, nicht mehr ich lebe und offenbare mich, sondern es ist Dein Geist in mir«. Ihr selbst verliert euch im unendlichen All, sodass kein Atom von euch übrig bleibt, damit Er komme, Er, der Mächtige, der Große, der Starke, um euren Platz einzunehmen.

So müsst ihr den Tod verstehen, der in spiritueller Hinsicht von euch verlangt wird; ihr zerstört nicht den physischen Körper, sondern nur das Prinzip, das in euch den Tod aufrechterhält. Es handelt sich hier um das »solve« und »coagula« der Alchimisten: Ihr löst euch selbst auf, zerfließt im All und bittet Gott, den Unendlichen, sich in euch zu verkörpern. Versteht ihr nun, wie diese beiden Dreiecke uns den Vorgang der Auferstehung anschaulich machen? Sie sind hauptsächlich unter der Bezeichnung Hexagramm oder Siegel

Salomons bekannt, obgleich dieses Symbol schon lange vor Salomon existierte.

Natürlich geschieht die wahre, vollkommene und endgültige Auferstehung des Menschen nicht plötzlich, sondern nach und nach. Wenn ihr eine einzige Kerze anzündet, könnt ihr sicher sein, mit ihr die ganze Erde entflammen zu können, denn ihr besitzt bereits eine Flamme. Genauso könnte man sagen, dass euer ganzes Wesen entflammt ist, sobald ihr nur eine einzige Zelle in eurem Herzen oder eurem Gehirn entzündet habt; selbst wenn alle anderen noch nicht entzündet sind, können sie entflammt werden. In der orthodoxen Kirche zündet der Pope zu Ostern eine Kerze an und mit dieser die seines Gehilfen, der seinerseits die Flamme an seinen Nachbarn weitergibt und so fort, bis die ganze Kirche erleuchtet ist.

Das Gleiche kann sich auch in eurem Inneren ereignen: Sobald ihr eine Zelle mit Licht erfüllt habt, kann der ganze Körper entflammt und erleuchtet werden, natürlich unter der Bedingung, dass die niedere Natur sich diesem Erneuerungs- prozess nicht widersetzt. Die endgültige Auferste- hung setzt voraus, dass andere ihr bereits voraus- gegangen sind... Nun, meine lieben Brüder und Schwestern, lasst wenigstens eine Zelle in eurem Körper »auferstehen«, dann kann diese eine an- dere neben ihr entzünden und so weiter, bis das Licht nach und nach euer ganzes Wesen erleuchtet.

»Wenn ihr nicht sterbt, so werdet ihr nicht le- ben«. Sterben bedeutet, sich im Unendlichen auf- zulösen, um dem Herrn den Platz zu überlassen, damit Er in euch regiert. Euch selbst liegt nichts mehr am Leben, ihr wollt vergehen, aber nur unter der Bedingung, dass Gott selbst euren Platz ein- nimmt. Wenn ihr wirklich fest darauf besteht, dann muss Er kapitulieren, weil ihr Kräfte in Bewegung setzt, die dieselbe Beschaffenheit haben wie Er. Dann kann Er nicht sagen: »Nun, wir werden es uns einmal überlegen und prüfen, wie er in der Vergangenheit gelebt hat«. In dem Fall gibt es keine Vergangenheit oder sonst etwas mehr, bei ei- nem solchen Wunsch ist alles andere ausgelöscht und es zählt nur die Entscheidung, die ihr heute trefft.

Solange ihr euch keinem höheren Wesen, nicht einmal dem Herrn hingeben wollt, bleibt ihr schwach, verletzbar, ängstlich und unglücklich. Es gibt keine höhere Religion als die Selbstaufopferung: Das Sterben akzeptieren, um zu leben, um ein anderes Leben zu leben als das eure, um Gottes Leben zu leben. Ihr wolltet vergehen, aber anstatt zu sterben, seid ihr erhabener geworden. Und genau das ist wahres Heldentum. Die wahren Helden haben keine Angst zu vergehen, indem sie vom Göttlichen ersetzt werden.

Ich kann euch nun eine Übung geben: Stellt euch vor, ihr schwingt euch in die Höhen auf, und während ihr aufsteigt, dehnt ihr euch gleichzeitig in den unendlichen Raum aus, löst euch in der Universalseele auf und vergeht ohne Angst und ohne Furcht. Selbst wenn ihr den Eindruck habt, alles Bewusstsein eurer Selbst verloren zu haben, soll euch das nicht beunruhigen. Während ihr euch im All auflöst, denkt, dass Gottes Geist herabsteigt, sich in euch niederlässt, um dort zu wirken, dass Er dann derjenige ist, der durch euch hindurch spricht, handelt und sich offenbart. Habt keine Angst vor dem, was geschieht, ihr werdet immer ihr selbst sein; und obgleich ihr nicht mehr ihr selbst seid, verliert ihr nichts von eurer wahren Identität.

Gibt es etwas Bedeutungsvolleres in der Welt als die beiden Worte Leben und Tod? Nein. Alles ist in diesen beiden Vorgängen, dem Leben und dem Tod, enthalten. Es sind die mächtigsten Worte, die es gibt. Ihr braucht nur »Leben« oder »Tod«

zu sagen, und schon sind die Menschen entzückt oder zittern. Neben diesen beiden Worten wird alles andere unbedeutend.

Wer das wahre Leben besitzen will, muss sterben, und wer leben will, ist schon dabei zu sterben.

5

DIE AUFERSTEHUNG
UND DAS JÜNGSTE GERICHT

Im Markus-Evangelium gibt es in Bezug auf die Auferstehung einen sehr interessanten Abschnitt (Mk 12,18-27):

Da traten die Sadduzäer zu ihm, die lehren, es gäbe keine Auferstehung; die fragten ihn und sprachen: Meister, Moses hat uns vorgeschrieben: »Wenn jemand stirbt und hinterlässt eine Frau, aber keine Kinder, so soll sein Bruder sie zur Frau nehmen und seinem Bruder Nachkommen erwecken.« Nun waren sieben Brüder. Der erste nahm eine Frau; er starb und hinterließ keine Kinder. Und der zweite nahm sie und starb und hinterließ auch keine Kinder. Und der dritte ebenso. Und alle sieben hinterließen keine Kinder. Zuletzt nach allen starb die Frau auch. Nun in der Auferstehung, wenn sie auferstehen: Wessen Frau wird sie sein unter ihnen? Denn alle sieben haben sie zur Frau gehabt. Da sprach Jesus zu ihnen: Ist's nicht also? Ihr irrt darum, weil ihr weder die Schrift kennt,

noch die Kraft Gottes. Wenn sie von den Toten
auferstehen werden, so werden sie nicht freien,
noch sich freien lassen, sondern sie sind wie die
Engel im Himmel. Aber von den Toten, dass sie
auferstehen, habt ihr nicht gelesen im Buch des
Moses, wie Gott zu ihm beim Dornbusch sagte
und sprach: »Ich bin der Gott Abrahams und der
Gott Isaaks und der Gott Jakobs«? Gott ist nicht
ein Gott der Toten, sondern der Lebendigen. Ihr
irrt sehr.

Ich bezweifle nicht, dass viele Theologen und
Prediger sich mit diesem Abschnitt beschäftigt haben, um ihn zu studieren und zu kommentieren.
Ich habe aber bisher eine klare Interpretation dieses Themas weder gehört noch gelesen. Die Auferstehung der Toten, das Jüngste Gericht – auch das
sind wieder sehr verschwommene und unklare
Themen, die ich heute für euch erhellen möchte.

Wir wollen uns jetzt mit einigen wichtigen
Punkten dieses Abschnitts beschäftigen. Jesus antwortet: »Ihr irrt darum, dass ihr die Schrift nicht
kennt, noch die Kraft Gottes.« Dieser Satz muss
genauer untersucht werden, denn er kann der
Schlüssel sein, der alles andere verständlich
macht. Ja, die Kraft Gottes, welche Rolle spielt sie
bei der Auferstehung der Toten...? Das werdet ihr
gleich sehen.

Und weiter sagt Jesus: »Wenn sie von den Toten auferstehen werden.« Er leugnet die Auferste-

hung also nicht, sondern versteht sie nur anders. Es gibt eine Auferstehung, weil er ja selbst auferstanden ist, aber wie ist sie zu verstehen? »...so werden sie nicht freien, noch sich freien lassen, sondern sie sind wie die Engel im Himmel.« Wie sind denn die Engel im Himmel? Sie sind geschlechtslos, sie haben keine Sexualorgane, sondern besitzen andere, weit höher entwickelte Organe, die auch ihnen einen Austausch ermöglichen, denn Austausche sind nicht auf die Welt der Menschen begrenzt, sondern erstrecken sich auf das ganze Universum, kein Geschöpf braucht sie zu entbehren. Alle tauschen Liebe aus, nur die Form, die Qualität und die Ausdrucksweise sind verschieden. Wenn ihr wüsstet, wie sehr sich die Engel untereinander lieben! Ihr meint: »Oh, wir dachten, sie wären so rein, dass sie keine Liebe brauchen!« Aber Gott ist die Liebe und Er durchdringt alle Geschöpfe, wie sollte da eines seiner Liebe entgehen? Man muss diese Liebe nur richtig verstehen.

Was die Auferstehung der Toten betrifft, so sagt Jesus: »Gott ist nicht ein Gott der Toten, sondern der Lebendigen.« Wiederum eine Stelle, die nicht verstanden wurde.

Dies sind also einige wesentliche, aber bislang unklare Punkte, die wir vertiefen müssen, um das außerordentlich wichtige Problem der Auferstehung aufzuklären. Seit zweitausend Jahren sprechen die Christen von der Auferstehung und lesen die Stellen aus den Evangelien, die von Jesu Auferstehung berichten: Einige Frauen kamen in den Garten, ein Engel stand beim Grab, aber Jesus war nicht mehr da, später erschien er Maria von Magdala, dann seinen Jüngern usw... Aber um nicht vom Thema abzukommen, wollen wir uns heute nicht mit diesen Textstellen befassen, sondern nur auf die Bedeutung der Worte Jesu eingehen, die er in dem Abschnitt sprach, den ich eben vorgelesen habe.

Ihr wisst, was die meisten Christen unter der Auferstehung der Toten verstehen. Der Mensch stirbt, wird begraben und wartet nun in seinem Grab auf den Tag der Auferstehung. Also seit Anfang der Menschheitsgeschichte, seit tausend und abertausend Jahren, warten alle Toten. Der Moment der Auferstehung ist noch nicht gekommen, er kommt erst am Ende aller Zeiten. Nun, an eine solche Auferstehung glaube ich nicht! Warum nicht? Nun, weil die Geschöpfe gar nicht mehr da sind. Und wo sind sie?

Wenn sie begraben sind, geschieht mit ihnen ungefähr das Gleiche wie in einer Druckerei – ich meine hier die alten Druckereien: Jede Seite eines Buches wurde aus Bleibuchstaben zusammengestellt, die, wenn das Buch gedruckt war, wieder in ihr Kästchen kamen und am nächsten Tag in einer anderen Anordnung für die Herstellung eines neuen Buchs wieder verwendet wurden. Das Gleiche gilt auch für den Menschen. Die »Drucker« – die vier Elemente – haben aus ihren Partikeln Erde, Wasser, Luft und Feuer seinen Körper zusammengesetzt, und wenn er stirbt, zerfällt alles wieder. Nach einiger Zeit sind nur noch die Knochen von ihm übrig, aber auch sie zersetzen sich bald. Wo sind all die Teilchen geblieben? Manche sind in die Erde, in Felsen und Bäume eingegangen, andere in die Ozeane und Flüsse, wieder andere in die Atmosphäre und einige wenige sind zur Sonne, zum Feuer zurückgekehrt. Wo also soll man diese Geschöpfe, die man begraben hat, suchen, um sie auferstehen zu lassen?

Wenn man an alle diese Unmenschen, Mörder und Henker denkt, die die Erde bevölkert haben... und die Kranken, Aussätzigen und Syphilitiker... Könnt ihr euch das Schauspiel vorstellen, wenn sie alle wieder auferstehen sollen...? Wenn ihr gesehen hättet, was mir in Indien alles begegnet ist... all diese Elenden, Bettler, Aussätzigen, Verstümmelten, Menschen ohne Nase, ohne Ohren, ohne Arme, ohne Beine – da wurde einem eng ums Herz...! Und sie sollen zu Milliarden und Abermilliarden auferstehen? Wisst ihr, wie viele Menschen seit dem Beginn der Menschheit vor Millionen von Jahren schon geboren und gestorben sind? Nein. Das kann man überhaupt nicht ausrechnen.

Und das ist noch nicht alles. Wo soll man sie alle unterbringen, wenn sie wiederkommen? Die Erde wäre gar nicht groß genug! Obendrein müsste man die Erde völlig auseinander nehmen, um überall die Teilchen der Körper in Bäumen, Felsen, Bergen, Flüssen, Meeren usw. wiederzufinden. Die ganze Welt müsste auf den Kopf gestellt werden, um diese Exemplare wieder zusammenzusetzen! Entschuldigt, ich weiß wohl, dass es unter ihnen auch einige Heilige und Propheten gab, aber sie sind eine Minderheit und gingen in der Masse verloren wie ein Tropfen Wasser im Ozean. Jetzt frage ich euch, die ihr doch Ästheten seid, was ihr von diesen Perspektiven haltet! Reizend, nicht wahr? All diese Menschen, die auf das Jüngste Gericht warten, in Fleisch und Blut wiederzusehen...! Ich bedaure nur die Richter, mein Gott, die himmlischen Richter tun mir wirklich leid! Wie sollen sie allein schon diese Gerüche ertragen? Denn alles muss doch so werden wie es war...! Ja sicher, denn wie soll man jemanden richten, wenn man nicht weiß, wie er roch...? Bevor das Urteil gefällt wird, müssen alle Tatsachen und Beweise vorliegen... Ich frage mich nur, wie diese erhabenen Geister so viel Hässlichkeit aushalten sollen...!

Arme Christen! Sie freuen sich an der Vorstellung, dass eines Tages die ganze Menschheit aufersteht: Onkel, Tanten, Großväter... Zur Zeit warten alle diese Leute noch bewegungslos; seit Millionen von Jahren schlafen sie in ihren Gräbern... Da hat der Herr aber eine schöne Schule für Faulpelze erfunden! Wie viel Geduld muss Er haben, dass Er die Menschen so lange regungslos herumliegen lässt, ohne dass sie der kosmischen Ökonomie irgendwie dienlich sind! Wie kann der Herr, der doch so aktiv ist, eine solche Untätigkeit dulden, Er, der unaufhörlich einen neuen Himmel und eine neue Erde erschafft und sich niemals ausruht...? Jetzt wendet ihr ein: »In der Bibel steht, dass Er am siebten Tag ruhte!« Ja, aber dieses scheinbare Ruhen, der siebte Tag, war in Wirklichkeit eine andere Art von Arbeit. Wenn der Herr ausruhen müsste, dann würde ich nicht mehr an Ihn glauben und sagen: »Oh, der Arme, auch in Seinem Organismus müssen sich Unreinheiten angesammelt haben, dass Er Ruhe braucht...« Nein, Gott ist absolute Reinheit, und in der absoluten Reinheit gibt es keine Erschöpfung.

Ich bin immer wieder über die Auffassungsweise der Christen erstaunt! Sie haben alles auf das menschliche Maß herabgesetzt. Anstatt dass die Menschen wie Gott werden, soll Gott sich wie die Menschen benehmen. Er hat die gleichen Schwächen, besonders Wutanfälle, sodass Moses Ihn sogar beschwichtigen, besänftigen und beraten musste, weil Er sonst Sein ganzes Volk ausgerottet hätte. Es ist wirklich unbeschreiblich! An solche

Dinge kann ich nicht glauben! Deshalb entschuldigt, wenn ich euch schockiere, aber ich muss euch sagen, es gab ein Altes Testament und es gab ein Neues Testament; nun, es wird ein drittes Testament geben. Es ist in Vorbereitung. Das soll nicht heißen, dass die beiden ersten keine Wahrheiten enthielten, doch, aber sie entsprachen den Menschen jener Epoche, in der sie geschrieben wurden. Heute haben sich die Zeiten geändert, wir brauchen ein drittes Testament, und ich kann euch versichern, dass es kommen wird. Es wird die beiden vorangegangenen nicht widerlegen, sondern neue Erklärungen geben und vieles richtig stellen...

Das Neue Testament widerspricht dem Alten nicht, außer an manchen Stellen, wo ein kleiner Unterschied besteht, denn zu Moses Zeiten waren die Menschen so, dass man ihnen nichts anderes als eine Lehre der Gerechtigkeit geben konnte. Dann kam Jesus und milderte die Botschaft Moses durch seine Lehre der Liebe. Heute, wo die Zeiten wieder anders sind und die Menschen wieder neue Bedürfnisse und neue Wünsche haben, bereitet Christus, der über die Entwicklung der Menschheit wacht, wieder ein neues Testament vor. Wie und von wem es geschrieben werden wird, brauche ich euch nicht zu sagen, aber es wird so sein. Die Kirche wird es natürlich nicht akzeptieren wollen, denn sie verbietet selbst dem Herrn, irgendetwas Neues einzuführen, genau wie das Alte Testament Jesus verbot, sich in die Angelegenheiten Gottes einzumischen. Aber egal ob die Kirche es akzeptiert oder nicht, meine Worte werden sich realisieren.

Kommen wir jetzt wieder zu diesen Toten zurück, die sich schon in der Natur zersetzt und aufgelöst haben... Wie könnte man sie wieder zusammensetzen, da doch die Natur mit denselben Stoffen bereits Generationen von Menschen geschaffen hat! Um die einen wieder zusammenzusetzen, müsste man gezwungenermaßen die anderen zerstören. Ihr seht also, dass die Vorstellung, die viele Menschen sich von der Auferstehung machen, sehr unglaubhaft ist und der Logik und dem gesunden Menschenverstand widerspricht.

Aber nehmen wir dennoch an, alle Toten seien auferstanden und müssten jetzt gerichtet werden. Gut... Sie haben Tausende und Abertausende von Jahren in ihren Gräbern gelegen und sollen nun für achtzig oder höchstens hundert Lebensjahre gerichtet werden. Selbst wenn einige, wie Methusalem, neunhundert Jahre alt wurden, ist das immer noch sehr wenig im Vergleich zu den vielen Jahrhunderten, die seit ihrem Tod verstrichen sind! Die Menschen hätten also nur sehr kurze Zeit gelebt und gearbeitet, aber unwahrscheinlich lange geschlafen. Und wenn es darum geht, sie zu richten, dann müssten sie meiner Meinung nach deshalb verurteilt werden, weil sie zu lange geschlafen haben. Ja sicher, denn während sie schliefen waren sie zu nichts nutze, und dies ist die größte Sünde. Also braucht man überhaupt niemanden mehr vorzuladen, denn das Urteil ist bereits gefällt: Sie haben zu lange geschlafen...!

Und noch etwas. Anstatt die Menschen tausende von Jahren schlafen zu lassen, hätte man ihnen die Voraussetzungen schaffen können, für ihre Fehler zu bezahlen und sie wieder gutzumachen... Aber nein, absolut unmöglich: Einmal begraben, ist es vorbei! Ihr seht, dass bei diesem Gericht irgendetwas nicht stimmt, und zwar verurteilt man Menschen nach Millionen Jahren, ohne ihnen je die Gelegenheit gegeben zu haben, ihre Fehler wieder gutzumachen. Nein, meiner Ansicht nach ist dieses Jüngste Gericht unmöglich, es sei denn, man versteht es anders.

Lasst uns einmal sehen, wie die Dinge sich hier auf Erden, zum Beispiel bei einer Behörde abspielen. In jeder Verwaltung gibt es einen Kassierer, einen Schatzmeister oder Verwalter... Stellt euch vor, nichts würde kontrolliert, und erst nach tausenden von Jahren käme ein Revisor, um zu überprüfen, was der Kassierer mit dem Geld in seiner Kasse gemacht hat... Nun, der Kassierer hätte seine Ruhe, ihm wäre es völlig gleichgültig, ob in mehreren tausend Jahren eine Untersuchung stattfinden und ein Urteil gefällt werden würde, denn er wäre schon lange nicht mehr da. Ich weiß nicht genau, wie es in den Behörden gehandhabt wird, ob eine Revision jedes Jahr oder alle drei Monate stattfindet. Auf jeden Fall gibt es diese Überprüfungen, und sie sind eine Art Jüngstes Gericht. Der Finanzbeamte wird danach beurteilt, ob er ehrlich, ordentlich und gewissenhaft war, und dementsprechend bekommt er entweder eine Gehaltserhöhung oder wird vor die Tür gesetzt: Hier wartet man nicht Millionen Jahre.

Genauso wäre es viel zu umständlich, die Menschen erst nach Millionen Jahren zu richten. Übrigens wäre es dann für die Erziehung dieser armen Kinder Gottes auch völlig nutzlos, denn sie hätten in der Zwischenzeit so viele Schulden, Fehler und Verbrechen angehäuft, dass sie unmöglich irgendetwas wieder gutmachen oder verbessern könnten. In Wirklichkeit betrifft das Jüngste Gericht jeden und stellt sich jeweils verschieden dar. Bereits wenn ein Mensch stirbt, ist dies ein Jüngstes Gericht. Oben haben sie entschieden, dass er lange genug gelebt und seine Arbeit beendet hat, dass er nicht mehr gebraucht wird, und hopp, schon muss er das Feld räumen. Die Krankheit ist ebenfalls ein Jüngstes Gericht, für eine Woche oder einen Monat... Die Richter sind gekommen, haben seine Situation überprüft und ihn eine Weile ins Bett geschickt, damit er gezwungen ist, sich von gewissen Unreinheiten zu befreien.

Wenn man sich eine Ewigkeit lang Schulden aufgeladen hat, würde man auch eine Ewigkeit brauchen, um diese wieder zu begleichen. Um euch zu helfen, hat die kosmische Intelligenz deshalb immer eine kleine Prüfung für euch vorgesehen; das ist das Jüngste Gericht. Gewiss, es ist nicht das absolut letzte, sagen wir, es ist das vorletzte – übrigens ist es immer das vorletzte! Bei jeder Krankheit, jedem Missgeschick und jedem Leid hat das Gesetz das Urteil gefällt, dass ihr zu viel gegessen, geschlafen und gearbeitet habt... oder zu wenig, oder dass ihr sonstige Gesetze übertreten habt. Seht ihr, allen Urteilen liegen Intelligenz, Liebe und Pädagogik zugrunde. Das andere Jüngste Gericht dagegen ist dumm und unglaubwürdig. Ich kann es nicht akzeptieren, denn ich weiß, dass Gottes Wirken im Gegenteil stets ausgesprochen intelligent und nutzbringend ist. Wartet also nicht auf das Jüngste Gericht, denn wir werden ständig gerichtet, ohne etwas davon zu merken.

Ihr müsst noch wissen, dass auch der Tod kein absolutes Urteil ist. Glaubt nicht, dass wenn ihr einmal tot seid, ihr in eurem Grab liegen bleibt, dort wartet und verfault. Nein, nein, nur eure Kleider, das heißt euer irdischer Körper verwest, aber ihr selbst, das heißt euer Geist, kommt nach einer bestimmten Zeit wieder auf die Erde zurück. Ihr nehmt einen anderen Körper an, denn das Leben geht weiter. Jedes neue Dasein ist das Ergebnis des Urteils, das über euer vorhergegangenes Leben gefällt wurde. Ihr fragt: »Gut, aber was ist dann die Auferstehung?« Die Auferstehung ist etwas ganz anderes als das, was sich die Christen darunter vorstellen.

Es wird nie jemand auferstehen, um gerichtet zu werden, denn es gibt keine Auferstehung der Toten. Sie können nicht wieder lebendig werden, für sie ist alles vorbei, nur die Lebendigen stehen wieder auf. Die Seelen, die ihre Kleider abgelegt haben und lebendig sind, ja, sie können auferstehen, nicht aber die irdischen Leiber. Gott ist nicht der Gott der Toten, Gott ist der Gott der Lebendigen. Der Körper ist und bleibt tot, aber die Seele wird auferstehen. Wann? Das wird in dem Abschnitt erklärt, den ich euch eben vorlas, nur muss man ihn richtig verstehen und die Zusammenhänge klar erkennen.

An dieser Stelle sagt Jesus: »Wenn sie von den Toten auferstehen, werden sie nicht freien, noch sich freien lassen, sondern sie sind wie die Engel im Himmel.« Wo hätten sich die Menschen so wunderbar entwickeln können, dass sie Engel geworden wären? Auf jeden Fall nicht im Grab. Im Grab gibt es keine Weiterentwicklung, da bleibt man wie man ist. Also werden die Menschen nicht Engeln gleich, wenn sie Tausende von Jahren in einem Grab verbracht haben. Wie sollten sie das

anstellen? Und wenn sie sowieso Engel geworden
sind, warum sollen sie dann noch verurteilt werden? Engel werden nicht gerichtet. Man muss also
verstehen, dass zwischen dem Tod und der Auferstehung eine geraume Zeitspanne liegt, während
der sich die Menschen wandeln und weiterentwi-
ckeln können. Ja, so ist es, sie werden wiedergebo-
ren. Viele Male werden sie gehen und kommen
und wieder gehen... und sich dabei derart vervoll-
kommnen können, dass sie schließlich Engel werden. Das ist die Auferstehung.

Allen Menschen ist es also bestimmt, dass sie
eines Tages auferstehen und wie die Engel vollkommen rein sind. Aber diese Auferstehung setzt
die Reinkarnation voraus. Keiner kann mich davon überzeugen, dass die Menschen im Grab zu
Engeln werden, nein, nie im Leben! Sie bleiben
nicht in ihrem Grab, sondern reinkarnieren sich,
lernen und läutern sich, bis sie die Vollkommenheit erreicht haben. Diese Besserung, die sie all-
mählich zur Perfektion führt, ist die Auferstehung.
Alle Geschöpfe werden eines Tages auf diese Art
auferstehen, aber nicht die Toten, sondern nur die
Lebendigen.

Hört jetzt gut zu und versucht mich zu verstehen. Als Jesus antwortete: »Ihr irrt darum, dass ihr
die Schrift nicht kennt, noch die Kraft Gottes«,
was wollte er damit sagen? Was ist das für eine
Kraft, die Kraft Gottes...? Die Kraft Gottes besteht

eben darin, die Menschen bis zur Auferstehung zu führen. Sie ist die Kraft, die verwandelt, die sublimiert. Ja, so ist es, aber sie befindet sich nicht in den Gräbern. Im Grab gibt es keine Auferstehung, sondern im Gegenteil nur Zerfall und Verwesung. Gott verwandelt nur die Lebendigen. Übrigens sagt Jesus an einer anderen Stelle (Mt 8,22): »Lasst die Toten die Toten begraben, und du, der Lebendige, folge mir nach!«

Die Wiederverkörperung wird in den Zeilen, die ich euch vorlas, zwar nicht klar erwähnt, aber sie wird vorausgesetzt. Denn wenn ich die Frage stelle: »Was geschah in der Zeit zwischen dem Begräbnis eines Menschen und seiner Verwandlung in einen Engel?«, kann mir niemand antworten. Man muss zugeben, dass sich irgendetwas ereignet hat, was eine solche Verwandlung des Menschen hervorgerufen hat, aber man weiß nicht, was es war. Darum ist die kirchliche Lehre wirkungslos und unfähig, das Reich Gottes auf Erden zu realisieren, denn mit Lügen geht das nicht. Die Kirche muss jetzt die Wiederverkörperung offen darlegen. Ihr sagt: »Aber in den Evangelien wird sie nicht erwähnt.« Doch, und ich habe euch gezeigt, dass in bestimmten Abschnitten von ihr die Rede ist.

Im Evangelium des Matthäus, Kapitel 11, sagt Jesus in Bezug auf Johannes den Täufer: »Und so ihr's wollt annehmen, er ist Elias, der da soll zukünftig sein! Wer Ohren hat zu hören, der höre.«

Und im Kapitel 17, als seine Jünger ihn fragen: »Was sagen aber die Schriftgelehrten, Elias müsse zuvor kommen?« antwortet Jesus: »Elias soll ja zuvor kommen und alles zurechtbringen. Doch ich sage euch: Es ist Elias schon gekommen, und sie haben ihn nicht erkannt, sondern haben an ihm getan, was sie wollten. Also wird auch des Menschen Sohn leiden müssen von ihnen. Da verstanden die Jünger«, fügt der Evangelist hinzu, »dass mit diesen Worten Johannes der Täufer gemeint war«. Ja, warum wurde Johannes der Täufer geköpft? Weil er selbst, als er der Prophet Elias war, vierhundert Propheten Baals köpfen ließ. Später, als er festgenommen wurde, sagte Jesus zu Petrus: »Stecke dein Schwert an seinen Ort, denn wer sein Schwert nimmt, der soll durchs Schwert umkommen«... Ich könnte euch noch andere Stellen anführen, an denen die Reinkarnation* erwähnt wird.

»Wenn sie von den Toten auferstehen werden«, sagt Jesus, »werden sie nicht freien noch sich freien lassen«. In der einen Inkarnation habt ihr diese Frau oder jenen Mann geheiratet und in den folgenden Leben waren es andere. Nun geht und sucht die Männer oder die Frauen, mit denen ihr vor tausenden von Jahren verheiratet wart, wo ihr doch in der

---

* Siehe Band 12 »Die Gesetze der kosmischen Moral«, Kapitel 8: »Die Reinkarnation« oder die gleichnamige Broschüre 312.

Zwischenzeit so viele andere Partner hattet! Es ist gar nicht nötig, sie zu suchen und zu finden, denn kein Mensch gehört einem anderen Menschen. Das geht aus diesem Satz nicht hervor, aber es wird vorausgesetzt. Wie oft war jeder verheiratet! Also, welches Recht hätte er dann auf einen anderen? Jeder Mann hatte zahlreiche Frauen und jede Frau zahlreiche Männer, bis sie eines Tages genug haben von den vielen kostspieligen und bedauerlichen Erfahrungen und sagen: »Jetzt ist Schluss, auf diese Art und Weise wollen wir nicht mehr heiraten«. In ihrer Einstellung zur Liebe machen sie so große Fortschritte, dass sie Engel werden.

Und wie steht es mit den Engeln, wie verhalten sie sich? Wenn zwei Engel sich begegnen, verschmelzen sie mit ihrem Licht und ihren Farben und tauschen gegenseitig eine unbeschreibliche Liebe aus... Dann gehen sie wieder auseinander und umarmen andere Engel auf die gleiche Weise. Ja, so und nicht anders begegnen sich die Engel und kennen keine Scham. Bei den Engeln sieht man keine Frauen mehr, die mit einem Nudelholz auf ihren Mann warten und brummen: »Aha, noch nicht zu Hause. Bei welcher Frau steckt er nun wieder? Der kann etwas erleben, wenn er zurückkommt!« Bei den Engeln gibt es nur den einen Austausch von Liebe, ohne Eifersucht, ohne Begierde...

Also, meine lieben Brüder und Schwestern, ihr seht, welches Glück auf euch wartet, wenn ihr

Engel seid! Denn ich weiß, dass die Männer vor Verlangen brennen, alle Frauen zu lieben, und die Frauen vor Verlangen, alle Männer zu lieben. Auch wenn ihr sagt: »Nein, nein, das ist nicht wahr. Was für eine Anschuldigung!«, glaube ich euch nicht. Lasst den Männern und Frauen etwas Freiheit, und ihr werdet schon sehen, ob sie sich mit nur einer Frau oder nur einem Mann zufrieden geben... Aber im Hinblick auf den gegenwärtigen Stand ihrer Entwicklung sollten sie lieber ihre Erfahrungen beschränken, sonst werden sie bald erkranken und ihren Halt verlieren. Abwarten ist viel besser. Ich rate euch, lange, sehr lange zu warten! Ihr wisst nicht, welche Freuden Gott für euch vorbereitet; aber nicht für sofort, denn im Moment seid ihr noch nicht so besonders! Ihr müsst die Wandlung, die Auferstehung abwarten. Erst wenn ihr den Engeln gleicht, könnt ihr euch ohne Furcht einander nähern, um euch zu umarmen und zu vereinen.

Kommen wir aber wieder zur Auferstehung zurück. Jesus sagte: »Ich bin die Auferstehung und das Leben.« Die Tatsache, dass Jesus auferstanden ist, bedeutet, dass auch wir diesen Prozeß der Auferstehung, der sich eines Tages für die ganze Menschheit vollziehen soll, beschleunigen können. Dazu müssen wir aber an unseren Gedanken, Gefühlen und Taten arbeiten und sie verbessern. In den Einweihungstempeln wurde die Auferstehung schon immer gelehrt, und viele sind schon auferstanden. Denn man braucht nicht körperlich zu sterben und beerdigt zu werden, um auferstehen zu können. Auferstehen heißt, die alten Schwächen, Laster und Krankheiten abzulegen. Damit ein Wesen auferstehen kann, müssen seine Zellen vollkommen rein sein und hohe Schwingungen haben. Wer ein sehr intensives geistiges Leben führt, bereitet sich auf diese Auferstehung vor.

Ich möchte euch jetzt das Phänomen der Auferstehung anhand eines Bildes, dem des Saatkorns, verständlich machen. Ein in den Boden gesätes Saatkorn kann mit einem begrabenen Menschen verglichen werden. Wenn der Engel der Wärme kommt, es weckt und streichelt und zu ihm sagt: »So, nun komm aus diesem Grab heraus!«, dann rührt sich das Leben in der Erde: Ein winziges Stielchen teilt das Korn in zwei Hälften, sprießt aus dem Boden und bildet einen kleinen Trieb, aus dem eines Tages ein wunderschöner Baum wird. Das ist die Auferstehung. Ja, aber um sie zu verwirklichen, muss man das Grab öffnen, und das kann nur die Wärme. Wärme heißt Liebe. Wer viel Liebe in seinem Herzen trägt, eine uneigennützige, spirituelle Liebe natürlich, der öffnet das Grab seiner Zellen.

Im Menschen gibt es so viele Zellen, die gären und zerfallen! Wenn ihr wüsstet, wie viele Gräber jeder von euch in sich trägt! Tausende kleiner

Gräber warten darauf, geöffnet zu werden. Solange diese Zellen nicht wiederbelebt werden, bleiben sie untätig und ihr könnt nicht erkennen, wie
viele innere Reichtümer ihr besitzt. Aber nach der
Auferstehung, nach dem Erwachen eurer Zellen,
erweitert sich euer Bewusstsein, und ihr seid nicht
mehr derselbe: Bei allem was ihr fühlt und erlebt,
bewegt ihr euch in einer anderen, viel spirituelleren
Dimension. Diese Erneuerung ist nur dank der
Wärme, der Feuchtigkeit, dem Wasser, möglich.
Denn das Wasser ist die Substanz, die als Träger
des Lebens dient. Die Wärme liefert den Antrieb,
wohingegen die Feuchtigkeit das Leben gibt.

Hier haben wir also wieder ein Beispiel für die
Aktivität der beiden Prinzipien, männlich und
weiblich, die den Samen aus seinem Schlaf wach-
rütteln sollen; worauf sich das Grab öffnet und
Christus erscheint, das heißt die kleine Seele, dieses scheinbar tote Wesen, das in Wirklichkeit nur
schlummerte. Dieses Phänomen kann fast überall in
der Natur beobachtet werden. Die Szene der geöff-
neten Grabstätte, aus der Jesus aufersteht, ist ein
universelles Symbol und nicht auf Jesus und die
Christenheit beschränkt. Ein Same, ein winziges
Saatkörnchen ist auch ein Grab, in dem das Leben
schläft, bis der Engel des Frühlings anklopft, um
es zu erwecken. Und das Küken, das im Ei einge-
schlossen ist, wie kann es ausschlüpfen und dieses
Grab öffnen? Übrigens, warum glaubt ihr, ist es

Brauch, Ostereier anzubieten? Genau darum, weil das Ei symbolisch für die Geburt des Lebens steht.

Ich kann euch noch ein Beispiel nennen, den Schmetterling. Was ist ein Schmetterling? Er ist ein auferstandenes Geschöpf. Zuerst war er eine Raupe ohne Anmut oder Schönheit, bis er sich eines Tages verpuppte, einschlief, und nach einiger Zeit als Schmetterling wieder zum Vorschein kam. Was war während des Schlafs der Puppe geschehen? Wenn die Raupe sich in einen Schmetterling verwandeln konnte, musste sie vorher bereits verschiedene Vorgänge in sich ausgelöst haben, die dann zu dieser Metamorphose führen konnten. Nun, für den Schüler gilt das Gleiche. Im Moment ist er noch eine Raupe, das heißt, ein nicht sehr schönes Geschöpf, das auf dem Boden kriecht und vor allem die Blätter der Bäume frisst! Er ist also ein schädliches Wesen, und der Arme wird verfolgt, bis er sich eines Tages in einen Schmetterling verwandelt.

Die Natur hat überall Zeichen und Merkmale hinterlassen, um uns zu unterrichten und uns zu lehren, wie wir auferstehen können. Was geschieht während eurer Meditation? Ihr gleicht einer Raupe in ihrem Kokon, die ihre Verwandlung vorbereitet. Wenn ihr bisher noch kein Schmetterling geworden seid, dann war eure Arbeit nicht ausreichend. Ihr seid zu euren Geschäften zurückgekehrt und wie die kriechende Raupe geblieben, die Blätter frisst... Am nächsten Tag schließt ihr euch wieder in euren Kokon ein und spinnt einige spirituelle Fäden, aber wiederum rufen euch die Geschäfte und wieder unterbrecht ihr die Arbeit... Am folgenden Tag nehmt ihr sie wieder auf usw..., bis zu dem Augenblick, wo ihr endlich, einem Schmetterling gleich, aus eurer Hülle schlüpft. Nun braucht ihr keine Blätter mehr zu vernichten, sondern nährt euch von dem Nektar der Blumen, mit anderen Worten, ihr schöpft das Feinste aus den Herzen und Seelen aller Frauen und aller Männer, ohne sie »aufzufressen« oder sie zu beschädigen. Denn jedes Wesen besitzt etwas Köstliches, ein wenig Nektar in seinem Inneren... Und wenn ihr von diesem Nektar schöpft, seid ihr glücklich und schwebt im Licht.

Die Auferstehung ist möglich, sie ist eine Tatsache. Viele sind schon auferstanden, und alle anderen werden einmal auferstehen. Man muss nur begreifen, dass die Auferstehung nicht im Grab vor sich geht. Unter der Erde ist für euch alles vorbei, dort bleibt ihr – oder vielmehr euer Körper – liegen und er löst sich auf. Aber ihr selbst müsst wieder auf die Erde zurückkommen, wenn ihr auferstehen wollt, und weiter lernen, ihr müsst alle Schwächen ablegen und euch wie eine Raupe verpuppen, das heißt, ihr müsst aufhören, euch von egoistischen und eigennützigen Gedanken und

Gefühlen zu nähren. Sinn des Gebetes und der Meditation ist es, den Menschen zu lehren, wie er sich von Elementen spiritueller Natur ernähren kann. Wer dies nicht verstanden hat und sich ausschließlich zu Vergnügungen und weltlichen Beschäftigungen hingezogen fühlt, wer sich dauernd nur amüsieren will, der vernachlässigt Gebet und Meditation. Das ist schade, denn damit unterbricht er die Arbeit an seiner Umwandlung, seiner Auferstehung. Ich habe an mir selbst und anderen beobachtet, dass man sich beim Meditieren verändert. Bei einer echten Meditation erhellt sich das Gesicht und leuchtet auf. Jede Meditation soll das Licht in euch verstärken, denn dieses Licht trägt dazu bei, euren Lichtkörper zu erbauen, mit dem ihr eines Tages auferstehen werdet.

Wer auferstanden ist, führt ein neues Leben. Er hat andere Gedanken, andere Wünsche und ein anderes Verhalten. Innerlich ist er nicht mehr derselbe, er hat seine Richtung geändert und folgt einem neuen Ziel. Jesus sagte: »Ich bin die Auferstehung und das Leben.« Warum hat er nicht nur gesagt: »Ich bin die Auferstehung« sondern noch »und das Leben« hinzugefügt? Ist das Leben etwas anderes als die Auferstehung? Nein. Wenn Jesus sagt: »Ich bin die Auferstehung und das Leben«, so bedeutet dies, dass die Auferstehung nichts anderes ist als eine Art erneuertes Leben, eine feinere, reinere und intensivere Lebensqualität. Wenn der Mensch einmal dieses höhere Leben lebt, wird er auferstehen.

Die Auferstehung ist nichts anderes als eine Qualität des Lebens, ein Leben als Sohn Gottes. Das braucht man nicht jahrhundertelang abzuwarten... Christus ist die Auferstehung und das Leben, also nehmt Christus als Vorbild, klammert euch an ihn, führt das Leben, das er euch vorgelebt hat, und dann seid auch ihr die Auferstehung und das Leben. Das sind neue Begriffe, die ich euch hier gebe, aber nur diese neuen Einstellungen vermögen euch aus euren Gräbern hervorzuholen. Ja, denn im Moment seid ihr noch begraben... Und wenn ihr auf die Klänge der Posaunen wartet, um herauszukommen, dann könnt ihr Jahrhunderte und Jahrtausende warten!

Wenn Jesus sagt: »Ihr habt die Kraft Gottes nicht verstanden«, dann meint er damit die Kraft Gottes, die aus einer Raupe einen Schmetterling macht. Glaubt ihr, die Raupe wäre klug genug, um solche schönen Farben selbst herzustellen? Nein, es ist die Kraft Gottes in ihr. Auch wir haben diese Kraft Gottes in uns. Geben wir uns ihr völlig hin – und sie wird wissen, wie sie uns lichtvoll und stark machen kann, wie sie uns auferstehen lässt.

Seht ihr, dieser Abschnitt des Markus-Evangeliums, den ich euch vorgelesen habe, enthält Aufschlüsse darüber, was Jesus unter der Auferstehung verstand. Ich habe noch einen anderen Hinweis im russischen und bulgarischen Wort für »Auferstehung« gefunden. In Russland sagt man »voskressenié« und in Bulgarien »veuzkressenié«. Das bedeutet wörtlich: aus dem Kreuz steigen. Was bedeutet das Kreuz? Es hat in jeder der drei Welten einen Sinn. Ich habe euch vor Jahren schon Vorträge darüber gehalten und will heute nicht wieder im Einzelnen darauf zurückkommen. Wenn man ein Kreuz in zwei Dimensionen zeichnet, stellt man fest, dass es sechs Flächen hat, und wenn man diese zusammenfaltet, so bilden sie einen Würfel.

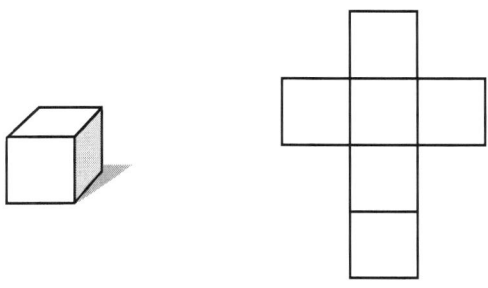

Der Würfel symbolisiert das Gefängnis, die Materie. Das ist die Zahl vier, die vier Zustandsformen der Materie. Auferstehen bedeutet also, sich aus der Abhängigkeit, der Sklaverei, dem Gefängnis der Materie und dem physischen Körper zu lösen, denn auch der physische Körper ist ein Kreuz. Ihr seht, welche Erkenntnis uns allein das

Wort »veuzkressenié« vermittelt. Wenn es heißt, »sein Kreuz tragen«, so meint man damit, die Schwierigkeiten, die physischen und moralischen Lasten tragen. Das Kreuz ist schwer, und wenn der Mensch sich von ihm löst, entkommt er seinem Gefängnis, seinem Grab, mit anderen Worten, allem, was ihn innerlich begrenzt, und er wird frei, frei wie ein Schmetterling.

Die Auferstehung ist also tatsächlich ein reales Phänomen, aber es gibt keine Auferstehung der Toten, sondern nur eine der Lebendigen, und zwar der lebendigsten unter ihnen, für jene, die das intensivste, göttlichste und Christus-gemäßeste Leben führen. Alle werden früher oder später auferstehen. Manche sogar schneller, aber nur wenn sie sich vorbereitet haben. Man bereitet sich im Laufe seiner aufeinander folgenden Inkarnationen darauf vor, und wer in diesem Leben große Anstrengungen macht, um sich zu läutern, der braucht sich vielleicht gar nicht noch einmal zu verkörpern. Manche hohen Eingeweihten reinkarnieren sich nicht wieder. Sie gehen aus dieser Welt und kommen nicht mehr zurück, um einen Körper anzunehmen. Ihr Geist jedoch kann wiederkommen, in manche Wesen eingehen und in ihnen leben, um ihnen zu helfen, sie zu belehren und zu beleben, aber sie selbst nehmen keinen physischen Körper mehr an.

Wenn man diesen Abschnitt aus dem Markus-Evangelium nicht so interpretiert, wie ich es eben tat, bleiben die Auferstehung und das Jüngste Gericht absolut unverständlich und nicht auslegbar. So wie man sich das letzte Gericht vorstellt, mit all den Menschen, die aus den Gräbern steigen, um gerichtet zu werden, ist es nicht möglich. Nein, wir werden ununterbrochen gerichtet. Jede Prüfung, jeder Schmerz und jedes Leid ist der Beweis, dass ein Richten stattgefunden hat und man bezahlt. Wenn ihr keine Schulden mehr habt, dann werdet ihr auch nicht mehr leiden.

Lest noch einmal diesen Absatz und ihr versteht besser, was Jesus mit seiner Antwort an die Sadduzäer meinte. Dann erkennt ihr deutlich Gottes Plan, seht, wie er abläuft und wie ihr auferstehen könnt. Den kirchlichen Auslegungen der Auferstehung mangelt es an Logik und gesundem Menschenverstand. Sie stellen den Herrn als einen großen Dummkopf dar, und auch ihr Jüngstes Gericht ist völlig absurd...! Habt also keine Angst, das letzte Gericht wird nicht stattfinden. Obwohl ihr jetzt beruhigt seid, müsst ihr wissen, dass ein anderes Gericht in jedem Moment auf euch wartet... Wenn euch zum Beispiel ein Floh beißt, so ist das schon ein Gericht. »Wieso« sagt ihr, »ich bin gerichtet durch einen Floh?« So ist es. Er hatte es sich reiflich überlegt, bevor er euch biss. Er hat bestimmte Unreinheiten in eurem Blut entdeckt und wollte euch darauf aufmerksam machen, dass ihr eure

Lebensweise ändern müsst. Wenn ihr euer Blut reinigt, dann zieht es auch keine Flöhe mehr an.

Es gibt so viele Geschehnisse im täglichen Leben, die uns dabei helfen können, die Auferstehung und das Jüngste Gericht zu verstehen. Ihr begegnet jemandem mit einem großen blauen, fast schwarzen Fleck am Bein: »Was ist denn mit dir los, mein Freund?« – »Ich habe mich gestoßen.« Nun, in diesem blauen Fleck lassen sich alle meine Erklärungen zusammenfassen. An dieser Stelle sterben die Zellen ab, aber nach einiger Zeit wird die Haut wieder hell, das Blaue verschwindet... Nicht die alten Zellen sind auferstanden, sondern neue, die an deren Stelle getreten sind. Die alten Zellen wurden ersetzt durch neue, die die Besserung bringen, man kann wieder gehen, der Schmerz ist vorbei. Genauso funktioniert die Auferstehung!

Und für den gesamten Organismus gilt das Gleiche. Zahlreiche Menschen haben tote Zellen in ihrem Körper, die nicht durch neue ersetzt werden. Sie vermehren sich nach und nach, bis sie den ganzen Organismus überschwemmen und den Tod der Person verursachen. Andere haben, wenn sie sterben, noch viele lebendige Zellen; in dem Fall versuchen Ärzte die Organe für Transplantationen zu gewinnen. Ja, so sieht die Realität aus! Manche Lebende sind schon fast tot, weil sie unzählige Leichen, zu viele faulende Zellen in ihrem Körper mit sich schleppen, die sie nicht erneuern können. Bei anderen hingegen, zum Beispiel bei Verunglückten, sind fast alle Zellen noch lebendig. Im Bereich der Spiritualität kann das gleiche Phänomen beobachtet werden, nur handelt es sich da nicht um Zellen, sondern um Wesen.

Genau wie der Körper des Menschen aus vielen Milliarden Zellen aufgebaut ist, so besteht auch sein geistiges Sein aus zahlreichen Wesen. Auch da kommt es häufig vor, dass einige Wesenheiten sterben, oder dass der Mensch von finsteren und bösartigen Kreaturen bewohnt ist; diese muss er dann auch durch lichtvolle und reine Wesen ersetzen. Und dieses Ersetzen ist die Auferstehung! Ohne endgültig und vollständig zu sein, hat der Prozess der Auferstehung bei manchen schon begonnen. Sie müssen weitermachen und ihre Arbeit des Ersetzens weiterführen, dann wird sich eines Tages die Auferstehung mit einem Schlag realisieren. Das meinte der heilige Paulus, als er sagte: »...wir werden nicht alle entschlafen, aber wir werden alle verwandelt werden, und dasselbige plötzlich in einem Augenblick zu der Zeit der letzten Posaune. Denn es wird die Posaune schallen, und die Toten werden auferstehen, unverweslich und wir werden verwandelt werden.«

Nein, in Wirklichkeit vollzieht sich die Auferstehung nicht in einem Augenblick. Man muss diesen Vorgang richtig verstehen, und dabei wird uns die Chemie helfen. Ihr nehmt eine Säure, gebt einige Tropfen Lackmus hinein, sodass es eine rote Flüssigkeit ergibt. Daraufhin fügt ihr tropfenweise eine basische Lösung hinzu. Zuerst gibt es keine sichtbare Veränderung, ihr lasst weiterhin einen Tropfen nach dem andern hineinfallen – und plötzlich färbt sich die rote Lösung blau. Nun, hier haben wir die Auferstehung: Rot verwandelt sich in Blau, das Rot, der alte Adam, ersteht als Christus, das Blau des Himmels. Ihr müsst lange einen Tropfen nach dem andern hinzugeben, bis dann der letzte Tropfen alles auf einmal umwandelt – und ihr vollzieht die Auferstehung! Diese Auferstehung hatte also schon lange begonnen, aber bis zur letzten Sekunde war keine sichtbare Veränderung zu erkennen. Die Worte des heiligen Paulus entsprechen natürlich der Wahrheit, aber sie bedürfen einer Erklärung.

Ist das jetzt verständlich? Die Auferstehung kommt nicht plötzlich, sie braucht eine lange Vorarbeit, und der letzte Tropfen verwandelt alles. Warum muss man den letzten Tropfen abwarten? Das ist ein Geheimnis, welches selbst die Chemiker nicht erklären können.

Viele von euch haben mit ihrer Auferstehung bereits begonnen, das heißt, sie haben bestimmte egoistische, finstere und brutale Wesenheiten durch intelligente, lichtvolle und liebevolle ersetzt; trotzdem klagen sie, dass sie keine Änderung feststellen und sich immer noch wie vorher fühlen. Sie müssen Geduld haben und den letzten Tropfen abwarten, und dieser letzte Tropfen, das sind die Posaunen...! Aber die Posaunen können die Toten nicht auferstehen lassen, wenn diese nicht vorher schon an sich selbst gearbeitet haben. Keine Posaune kann einen Toten auferstehen lassen. Versucht es doch einmal, nehmt eine Posaune und geht auf den Friedhof. Dort könnt ihr blasen so viel ihr wollt, aber niemand wird aus seinem Grab steigen... außer vielleicht einem Landstreicher, der dort für die Nacht Quartier gesucht hatte und nun struppig und »auferstanden« vor euch erscheint!

Ihr seht, wie viele Beispiele aus der Natur uns die Realität der Auferstehung vor Augen führen! Ich gehe sogar so weit und behaupte, dass ich die Lösung für die schwierigsten Fragen der Einweihungslehre bei Raupen, Maulwürfen, Flöhen und Wanzen gefunden habe. Ja, dort habe ich die Antwort auf die schwierigsten Fragen erhalten. Ihr erwidert verwundert: »Bei Wanzen und Flöhen? Was kann man da schon entdecken?« – »Alle medizinischen Gesetze, selbst jene, die noch unbekannt sind, haben mir die Flöhe und die Wanzen enthüllt.« – »Oh, Sie nehmen Flöhe und Wanzen als Meister und Lehrer?« – »Warum nicht?« – »Haben Sie keine anderen Lehrer, suchen Sie nicht bei hohen Persönlichkeiten um Rat?« – »Nein, denn sie würden mich nur irreführen. Ich studiere lieber dieses kleine Ungeziefer, denn es ist zuverlässiger.«

Wollt ihr jetzt wissen, welche Offenbarungen mir die Wanzen gemacht haben? Ich habe erkannt, dass sie von demselben Instinkt geleitet werden wie die Radiästhesisten. Wenn eine Wanze zum Beispiel in einen Schlafsaal krabbelt, in dem viele Menschen liegen, nimmt sie ihr Pendel heraus und sagt: »Nein, der nicht, der ist zu zäh, und der hier? Der scheint nicht sehr appetitlich... Aber hier haben wir einen, den will ich mal anknabbern!« Und nachdem sie an der Decke des Raumes alle Entfernungen geometrisch berechnet hat, lässt sie sich haargenau auf ihr Opfer fallen und beginnt ihren Festschmaus, während alle andern Personen daneben ungestört weiterschlafen ohne gestochen zu werden.

So haben mir die Wanzen viele Gesetze verständlich gemacht und mir das Prinzip der Krankheit offenbart. Sie haben mich gelehrt, dass die Krankheit nichts anderes ist als eine Anhäufung bestimmter Stoffe, die für manche Mikroben und Wesenheiten sehr appetitlich sind. Wenn der Mensch viele davon angesammelt hat, kommen sie zu ihm und beginnen ihr Festessen. Und wie steht es mit der Heilung? Nun, er muss diese ungesunden »Nährstoffe« abbauen, dann sterben die Mikroben vor Hunger und er wird gesund. Ich habe auch Ameisen, Wespen und andere winzige

Insekten beobachtet und festgestellt, dass sie schon von weitem riechen, wenn irgendwo Abfälle liegen geblieben sind; sofort kommen sie und stürzen sich darauf. Aber sobald man sauber macht, sind sie wieder verschwunden, weil sie keine Nahrung mehr finden. Das ist das große Geheimnis: Ihr dürft den einen oder anderen Wesenheiten keinerlei Nahrung bieten, mit anderen Worten, ihr dürft keine Unreinheiten ansammeln, dann lassen sie euch in Ruhe! In welchem Medizinbuch könnte man so etwas nachschlagen? In keinem. Übrigens lese ich nie medizinische Bücher.

Physische Auferstehung...? Tod und körperliche Auferstehung...? Nein, meine lieben Brüder und Schwestern, uns interessiert die spirituelle Auferstehung, denn eine körperliche wird es nie geben. Für die Toten ist alles vorbei, das sagte ich bereits, aber die Lebenden haben eine lebendige Seele, und für sie gibt es eine Auferstehung, denn Gott ist der Gott der Lebendigen.

6

DER AUFERSTEHUNGSLEIB

Zum Thema Auferstehung möchte ich ergänzend noch über den Lichtleib sprechen, durch den der Mensch auferstehen kann. Aber zum besseren Verständnis muss ich euch zunächst einige Erklärungen über den Ätherleib geben.

Als ich auf die Beziehung zwischen den verschiedenen Naturreichen und den feinstofflichen Körpern des Menschen hinwies, dem Äther-, Astral-, Mental-, Kausal-, Buddha- und Atmankörper, habe ich euch erklärt, dass das Wasser wie auch die Bäume und die gesamte Pflanzenwelt, eine Verbindung zum Ätherleib besitzen. Genau wie die Pflanzen, die fest im Boden angewurzelt sind, aber gleichzeitig mit dem Himmel kommunizieren, so ist auch das ätherische Doppel im physischen Körper verankert und gleichzeitig mit den feinstofflicheren Körpern in Verbindung. Ohne Vegetation wäre Leben nicht möglich. Die Pflanzenwelt und das Wasser sind Voraussetzung für

Leben auf der Erde, und sie entsprechen dem ätherischen Doppel, welches zwei Aufgaben zu erfüllen hat: Das Leben des Organismus gewährleisten und ihm das Empfinden ermöglichen. So wie Wasser den Pflanzen Leben bringt, so gibt auch der Ätherkörper dem physischen Körper das Leben. Ohne Wasser gäbe es auf der Erde kein Leben mehr, und ohne ätherisches Doppel würde der Mensch sterben. Das Leben ist mit dem ätherischen Körper verbunden, und wenn der Mensch mit ihm zu arbeiten weiß, kann er sein Dasein verlängern.

Die Vegetation verrichtet an der Erde eine bedeutende Arbeit. Der Boden muss bewegt und umgewandelt werden, und das ist die Aufgabe der Pflanzen. Wer würde sich sonst um die Erde kümmern? Auf jeden Fall nicht die Tiere, denn sie sind egoistisch und zufrieden, wenn sie die bereits umgewandelte Materie fressen können. Die besten, beständigsten und ergebensten Arbeiter sind die Pflanzen. Sie haben diese Form und diese demütige Haltung angenommen, um sich überall an die Arbeit zu machen und die Erde zu verwandeln. Selbst dort, wo weder Menschen noch Tiere leben, wachsen Pflanzen, überall »bevölkern« die Pflanzen die Erde.

Die Pflanzen haben den Wunsch, kein einziges Atom Erde unbelebt zu lassen; aber natürlich ist das kein bewusster Wunsch, sondern eher eine geheime Neigung, die von der kosmischen Intelligenz in sie hineingelegt wurde. Und wie gelingt ihnen das? Indem sie sich mit dem Himmel verbinden. Der Baum kommuniziert einerseits mit den äußersten Spitzen seiner Äste und Blätter mit dem Himmel, während seine Wurzeln andererseits tief in den Boden reichen. Die Spitzen der Äste und die Wurzeln sind die wichtigsten Teile des Baums. Durch diese beiden Pole schöpft er Energien. Könntet ihr nur spüren mit welcher Hartnäckigkeit und mit welcher Durchsetzungskraft er das tut! Alle seine Äste sind Antennen, die sich Tag und Nacht bemühen, Kräfte aus der Atmosphäre aufzunehmen, die dann durch den Saft den Wurzeln zugeführt werden, wo sich eine ungeheure Umwandlungsarbeit an der Erde vollzieht. Der Boden ist bewegungslos und passiv, aber er enthält zahlreiche Substanzen, Elemente und Kräfte, die er ohne die Vermittlung der Pflanzen nicht offenbaren könnte. Die Pflanzen können also mit Alchimisten verglichen werden. Sie sind auf der ganzen Welt verbreitet, um Rohstoffe aus dem Boden zu ziehen, die sie in Form von Blumen und Früchten weitergeben.

Wie die Pflanzenwelt, durchdringt auch das ätherische Doppel einerseits den physischen Körper und ragt andererseits mit seinen Verzweigungen bis in die höhere Welt, in der es Energien schöpft, die es dann an den Organismus weiterleitet. Das ätherische Doppel belebt die Materie, und zwar indem es die in ihm versteckten Qualitäten offenbart. Es ist der Mittler zwischen dem physischen und den feinstofflichen Körpern. Die Beschaffenheit des Ätherkörpers ist noch nicht sehr bekannt, und die offizielle Medizin weiß nicht, dass viele körperliche Anomalien auf Störungen des Ätherkörpers zurückzuführen sind. Selbst die Spiritualisten messen ihm weniger Bedeutung bei als dem Astral- und Mentalkörper. Es stimmt zwar, dass er nicht dieselbe Kraft besitzt wie diese, aber er ist absolut lebensnotwendig. Denn was kann man schon ohne das Leben anfangen? Es ist die Grundlage von allem!

Es gibt viele Methoden, den Ätherleib zu stärken. Da er ein Körper, aber zugleich ein Fluidum, eine Energie ist, steht er mit allen Kräften der Natur in Verbindung und ist folglich Wärme, Licht, Elektrizität und Magnetismus gegenüber sehr empfindlich. Wenn ihr euch den Sonnenstrahlen bewusst und sinnvoll zu einer bestimmten Tageszeit aussetzt und die Atemübungen macht, stärkt, belebt und kräftigt sich euer ätherisches Doppel und erhält euren Körper bei guter Gesundheit.

Ihr müsst lernen, an eurem Ätherleib zu arbeiten; ich habe zahlreiche Methoden mit Wasser, Erde, mit der Flamme einer Kerze usw. angegeben. Wenn ihr zum Beispiel einen Schmerz empfindet, so konzentriert eure Gedanken auf den

Ätherleib und projiziert alle Farben des Lichts auf ihn. Er weiß, wie er dem Übel abhelfen kann. Er wirkt auf die Zellen ein, er verbindet Himmel und Erde, er stellt einen Kontakt her, wie es die Pflanzen tun, und die kranke Stelle wird neu belebt.

Der physische Körper hat sein Leben und seine Empfindsamkeit dem Ätherleib zu verdanken. Er ist mit ihm durch die so genannte Silberschnur verbunden. Dieses Band hat vier Ausläufer, der erste geht ins Gehirn, der zweite ins Herz, der dritte in den Solarplexus und der vierte in die Leber. Wir haben hier also vier zugehörige Punkte oder Keime: den Keim des physischen Körpers, den des Ätherkörpers, den Keim des Astral- oder Begierdenkörpers und den Keim des Mentalkörpers. Wenn der Mensch sich auf der Erde inkarniert, bringt er diese vier Keime mit, winzige Atome, in die seine späteren, für ihn charakteristischen, physischen und psychischen Eigenschaften eingeprägt sind. Die lichten Geister der höheren Welt, die Vierundzwanzig Ältesten, betrachten mit ihren Dienern, den Engeln, alle Taten und das Verhalten des Menschen während seiner vergangenen Leben und geben ihm genau die Keime, die er verdient, und in denen alles aufgezeichnet ist.

Alle unsichtbaren Körper des Menschen (der Äther-, Astral- und Mentalkörper) bilden sich nach denselben Gesetzen wie der Körper des Kindes in der Gebärmutter. Sobald der Vater den

Samen gegeben hat, vollziehen sich im Leib der Mutter alle möglichen unbewussten Arbeiten. Ohne dass die Mutter etwas davon weiß, wirken die Naturkräfte und bringen Materialien herbei, deren Quantität und Qualität dem Keim genau entsprechen. Dieser Keim ist auch den Kraftlinien in der Mineralwelt vergleichbar, nach denen sich die Partikel ausrichten, um einen Kristall zu bilden.

Es ist schon lange her, dass ich über die Versuche von Chladni gesprochen habe. Chladni war ein deutscher Physiker und Musiker des achtzehnten Jahrhunderts, der die Schwingungen der festen Körper studierte. Er streute auf eine Metallplatte ein Pulver oder feinen Sand und brachte die Platte mit einem Bogen zum Schwingen. Je nach der Beschaffenheit des Metalls, seiner Dicke usw. erzeugten die Schwingungen alle Arten von geometrischen Figuren, symmetrische und asymmetrische. Tatsächlich werden von den Schwingungen Kraftlinien erzeugt, von denen die Partikel angezogen werden. Bestimmte Stellen, die so genannten aktiven Punkte, stoßen die Teilchen ab und bewegen sie so zu den nicht schwingenden, toten Punkten. Die geometrischen Figuren ordnen sich also um die toten Punkte herum an.

Auf die gleiche Art und Weise entsteht alles in der Natur. Jedes Samenkorn enthält bereits seine bestimmten Kraftlinien. Sobald es vom Regen begossen und von der Sonne erwärmt wird, fängt es an zu wachsen, und die Aufbaustoffe ordnen sich gemäß den Kraftlinien, um Stängel, Äste, Blätter und später Blüten und Früchte zu formen. Dieser Vorgang lässt sich mit einem Transistorgerät vergleichen. Vor Jahren wurden große und schwere Apparate gebaut, aber heute ersetzt man bestimmte sperrige Teile durch einen Schaltplan. Mit dem technischen Fortschritt werden immer leichtere, feinere und subtilere Materialien verwendet, durch die die Ausmaße der Gegenstände stark vermindert werden. Nun, wenn ihr wollt, könnt ihr sagen, dass auch der Same einen Schaltplan besitzt, genau wie der Transistor.

Aufbau und Funktion aller Dinge und Geschehnisse richten sich nach Kraftlinien, und sogar das Schicksal wird von ihnen bestimmt. Es gibt Linien und Punkte, nach denen sich die Ereignisse richten. Der Keim selbst ist winzig, aber er enthält eine umfassende Organisation. Pflanzt ihn ein, begießt ihn, und dann werdet ihr schon sehen, was dabei herauskommt! Die Mutter, das ist der Boden; und wenn der Same in ihr gesät ist, begießt und wärmt sie ihn, und die Pflanze, die dann eines Tages erscheint, wird Kind genannt. Überall gelten die gleichen Gesetze.

Auf der Smaragdtafel heißt es: »Alles, was unten ist, ist wie das, was oben ist, und alles, was oben ist, ist wie das, was unten ist«. Auch die Erde

hat einen Äther-, einen Astral- und einen Mentalkörper sowie noch andere, höhere Körper, die ich
später erwähnen werde. Der Mensch wird von den
Äther-, Astral- und Mentalkörpern der Erde, der
Planeten, des Sonnensystems, der Sonne und der
Sterne durchdrungen, genährt und gefördert. Aber
der Mensch, der auf der Erde geboren wurde, ist es
auf den anderen Ebenen noch nicht; dort ist er
noch durch die Nabelschnur mit anderen Gebär-
müttern verbunden, mit einer Mutter nach der anderen. Um in einer Welt geboren und unabhängig
zu werden, muss die Nabelschnur durchschnitten
werden. Der Mensch ist hier, im physischen Bereich unabhängig, weil die Nabelschnur, die ihn an
seine Mutter band, durchschnitten ist; aber die
Bande zu den anderen Ebenen sind noch nicht
durchschnitten, folglich ist er dort auf astraler,
mentaler und spiritueller Ebene noch nicht geboren, das heißt, er ist noch nicht selbständig.

Wenn ein Kind zur Welt kommt, muß sich der
herabkommende Mentalkeim einen Körper formen; der kosmische Mentalkörper dient ihm dabei
als Gebärmutter. Dort formt sich der Mentalkörper
des Menschen, aber das erfordert eine gewisse
Zeit. Dann bildet sich, viel weiter unten im kosmischen Astralkörper, der Astralkörper, was ebenfalls eine gewisse Zeit braucht. Darauf folgt der
ätherische und zuletzt der physische Körper, und
das Kind wird auf der Erde geboren.

Wenn ich jetzt über die einzelnen Körper mit ihren Aufbaustoffen, ihrer Eigenart, ihren Funktionen und darüber, wie sie ineinander verschachtelt sind, sprechen sollte, würde das viel zu lange dauern; deshalb möchte ich mich heute nur mit dem Ätherkörper beschäftigen, denn er gibt uns Auskunft über den Lichtleib, den Körper der Auferstehung.

Der Ätherkörper besteht aus einer physischen, aber unsichtbaren, nicht fühlbaren, subtilen Materie. Ich sagte bereits, dass man die physische Welt noch nicht kennt, man glaubt, dass sie sich auf die festen, flüssigen, gasförmigen und feuerartigen Zustandsformen der Materie beschränkt, doch das sind in Wirklichkeit nur ihre groben, niederen Aspekte. Die Materie ist viel reichhaltiger und subtiler, denn sie erstreckt sich bis in den ätherischen Bereich, wo sie sich wiederum in vier Zustandsformen aufteilt.

Die erste Schicht des ätherischen Körpers heißt in der Einweihungswissenschaft »chemischer Äther«; er fördert das Wachstum und die Ausscheidung. Diese erste Stufe entspricht der Erde. Die zweite, noch feinere Schicht entspricht dem Wasser; sie ist der vitale Äther, der die Fortpflanzung ermöglicht und dem physischen Körper die Empfindung für Verletzungen, Verbrennungen usw. gibt. Weit darüber befindet sich der »Lichtäther«; er erhält die Wärme und Vitalität aufrecht, aber vor allem ist er der Sitz der Wahrnehmungen. Die vierte Schicht schließlich, der rückstrahlende Äther, ist der Sitz des Gedächtnisses; in dieser Schicht werden alle Begebenheiten aus dem Leben des Menschen, seine Gedanken, Gefühle und Taten aufgezeichnet. Hier befindet sich auch der Keim, der alle Fähigkeiten und Eigenschaften des sich bildenden Körpers vereint.

Alles geschieht genau nach dem Vorbild des Baums. Jeder Baum erwächst aus einem Samen und produziert später selbst Keime, Samen oder Kerne. Auch der Ätherkörper muss wenigstens einen Samen hervorbringen, in dem alle seine Eigenschaften konzentriert sind. Und dort in diesem Samen bildet sich dann der Auferstehungsleib. Dieser Keim ist ein Atom und befindet sich unten an der Spitze der linken Herzkammer, wo er die geringsten Vorgänge im Leben des Menschen registriert.

In Wirklichkeit sind alle Keime (der physische, ätherische, astrale und mentale Keim) der verschiedenen Körper miteinander verbunden, weil sie aufeinander folgen und miteinander in Verbindung stehen. Seht einmal, was geschieht, wenn euch irgendein Gedanke durch den Kopf geht. Er bleibt nicht isoliert auf der mentalen Ebene, sondern geht in den Bereich der Gefühle, in die astrale Welt über, wo Gemütsregungen, Wünsche und Leidenschaften zu finden sind. Dann dringt er in den ätherischen und schließlich in den physischen Körper vor, wo ihr ihn in die Tat umsetzt. Auf diese Weise ist alles miteinander verbunden.

Natürlich haben diese vier Körper nicht die gleiche Größe, Entwicklung und Widerstandsfähigkeit. Der Beweis dafür ist, dass es Menschen gibt, die wunderbare intellektuelle Fähigkeiten aber keine Herzensgüte entwickelt haben und egoistisch, geizig, berechnend, eigennützig und oft sogar böse und grausam sind; andere dagegen, die geistig wenig begabt sind, bringen unsagbare Güte und Großmut auf. Wieder andere sind stark, aktiv und unternehmungslustig und wissen sich geschickt zu helfen, aber Herz und Verstand sind nicht sehr entwickelt.

Trotz der Übereinstimmung und der Verbindung zwischen dem physischen, ätherischen, astralen und mentalen Leib haben diese vier Körper oft verschiedene Entwicklungsstufen erreicht. Dies ist auf die Lebensweise der Menschen in früheren Inkarnationen zurückzuführen, aber auch auf die Lebensverhältnisse, die sie gezwungen hatten, große Anstrengungen in dem einen Bereich zu machen, während sie einen anderen völlig vernachlässigten. Die Menschen waren nicht immer imstande, auf allen Gebieten und Ebenen gleich große Fortschritte zu machen, deshalb sind sie heute so außergewöhnlich verschiedenartig was ihre Entwicklung und ihre Anlagen betrifft.

Nun möchte ich noch einige Worte darüber sagen, wie Äther-, Astral- und Mentalkörper mit dem physischen Körper verbunden sind. Der Ätherkörper ist mit dem Solarplexus und der Milz verbunden. Diese beiden Organe sind für ihn wichtig, denn mit ihnen fängt er die Sonnenenergie auf und gibt sie an den ganzen Organismus weiter.

Erinnert euch, ich habe bereits über den Solarplexus gesprochen und dabei seine Bedeutung in Bezug auf das Leben betont. Im Russischen bezeichnet man die Region, in der sich Bauch und Solarplexus befinden, mit »jivot« und im Bulgarischen heißt jivot »Leben«. Der Magen leitet die aus der Nahrung gewonnenen Energien in den ganzen Körper, sogar ins Gehirn, und der Solarplexus macht auf ätherischer Ebene die gleiche Arbeit. Er sorgt dafür, dass im Körper alles richtig funktioniert, schafft Ordnung und führt auch dem Gehirn Energien zu. Wenn euer Gehirn blockiert ist, könnt ihr euren Solarplexus leicht massieren und werdet schon bald spüren, wie sich die Blockade löst.

Hätte der Mensch keinen Ätherkörper, würde er von seinem Astralkörper vernichtet werden. Diese beiden Körper stehen in ständigem Kampf miteinander, weil der Astralleib ständig Energien verbraucht und den physischen Körper mit seinen unruhigen Gefühlen, Empfindungen und Leidenschaften erschöpft. Doch während der Nacht bemüht sich der Ätherkörper, alles wieder richtig zu stellen, indem er die Unreinheiten eliminiert. Er ist also ein Schutz für uns, denn ohne ihn wären wir bald vergiftet, weil der Astralkörper mit der Leber verbunden ist, wo sich alle Gifte absetzen, die später ausgeschieden werden. Ihr wisst, dass bei Leberkrankheiten die Ursache oft in niederen Begierden, verwirrten Wünschen und Gefühlen, Angstzuständen usw. liegt. Der Astralkörper ist einerseits mit der Leber und andererseits mit den Geschlechtsorganen verbunden. Was den Mentalleib betrifft, so hat er seinen Sitz in Gehirn und Rückenmark. Äther-, Astral- und Mentalkörper sind also jeweils an zwei Punkten mit dem physischen Körper verbunden: der Ätherkörper an Solarplexus und Milz, der Astralkörper an Leber und Geschlechtsorganen, der Mentalkörper an Gehirn und Rückenmark.

Betrachtet nun einmal dieses stark vereinfachte Schema (Abbildung 1, nächste Seite). Es gibt euch Aufschluss über die Struktur des Menschen, so wie ihn die Eingeweihten schon seit Jahrtausenden verstanden und analysiert haben.

Es ergeben sich also sechs Unterteilungen. Manche Esoteriker zählen davon sieben, denn sie stellen den Ätherleib zwischen den physischen und den astralen Körper und setzen den Mentalleib als Abgrenzung zwischen die menschliche und göttliche Welt (Abbildung 2).

Je nach Bedarf wende ich das eine oder das andere Schema an. Da der Ätherkörper zum physischen Körper gehört, braucht er nicht immer einen

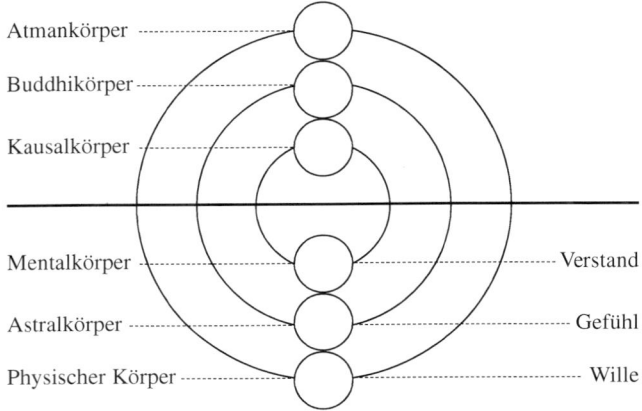

Abbildung 1

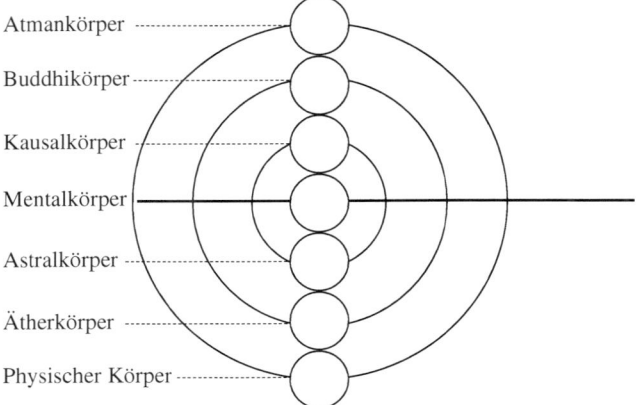

Abbildung 2

eigenen Platz einzunehmen, und damit haben wir den physischen Körper (der den Ätherkörper einschließt), den Astral-, den Mental-, den Kausal-, den Buddhi- und den Atmankörper.

In einem früheren Vortrag habe ich euch erklärt, dass das, was ganz oben ist, die göttliche Welt, mit dem, was ganz unten ist, der physischen Welt, verbunden ist; der Atmankörper ist mit dem physischen Körper verbunden, der Buddhikörper mit dem Astralkörper und der Kausalkörper mit dem Mentalkörper. Das, was unten ist, ist also tatsächlich wie das, was oben ist, aber umgekehrt. Der Atmankörper ist auf höherer Stufe die Wiedergabe des physischen Körpers, der Buddhikörper die des Astralkörpers und der Kausalkörper die des Mentalkörpers. Der Mensch besteht aus drei Prinzipien, dem Wollen, dem Fühlen und dem Denken. Auf der höheren Ebene, im Bereich der göttlichen Prinzipien, denkt, fühlt und handelt er auf göttliche Weise.

Nehmen wir jetzt die zweite Zeichnung. Wenn der Ätherkörper einen eigenen Platz einnimmt, sieht man, wenn man die gleichen Verbindungen herstellt, dass der Ätherleib mit dem Buddhikörper verbunden ist, und gerade hier müssen wir den Körper der Auferstehung suchen, den Lichtkörper.

Aber an dieser Stelle muss ich euch noch einige Erklärungen geben. Die verschiedenen Körper des Menschen sind nicht voneinander getrennt, in Wirklichkeit haben sie Kontakt miteinander und beeinflussen sich gegenseitig. Der Mentalkörper wirkt zum Beispiel auf den Astralkörper, der Astralkörper auf den physischen Körper usw. Ich habe eben die Verbindungen erwähnt, die zwischen den höheren und den niederen Körpern bestehen: zwischen dem Atmankörper und dem physischen Körper, dem Buddhikörper und dem Astralkörper, dem Mentalkörper und dem Kausalkörper. Es gibt also zwei Arten von Verbindungen. Die erste verbindet die verschiedenen Körper (laut Abbildung 1) vertikal miteinander und die andere verbindet sie durch konzentrische Kreise miteinander.

Jetzt könnt ihr besser verstehen, wie der Buddhikörper mit dem Ätherleib verbunden ist. Durch die erhabenen Gemüts- und Gefühlszustände des Buddhikörpers wirkt der Eingeweihte läuternd auf seinen Astralkörper, und der gereinigte Astralkörper wirkt seinerseits auf den Ätherkörper. So wird gut verständlich, wie der Buddhikörper über den Astralkörper auf den Ätherkörper einwirkt und auf diese Weise der Lichtkörper, der im Ätherkörper seinen Keim hat, gestärkt wird und wächst. (Abbildung 3).

Ich sagte vorhin, dass die feinstofflichste Schicht des ätherischen Körpers rückstrahlender Äther genannt wird und dass er der Sitz des Gedächtnisses ist. Aber dieses Gedächtnis bezieht sich nur auf den Menschen selbst, auf sein persönliches Archiv. Wer in die kosmischen Archive

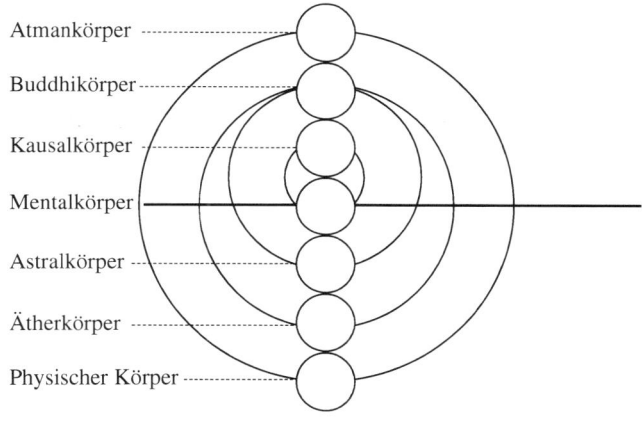

Abbildung 3

einen Einblick gewinnen will, muss das höhere Gedächtnis des Buddhikörpers aufsuchen, denn in ihm werden alle Geschehnisse des Universums registriert.

Der Buddhikörper verkörpert die selbstlose Liebe, die absolute Glückseligkeit und die absolute Reinheit. Christus und Buddha waren perfekte vollkommene Vorbilder der Liebe, Aufopferung und Reinheit. Deshalb sollte der Schüler, der in dieser Wissenschaft unterrichtet wird, die selbstlosesten und reinsten Gefühle und Wünsche entwickeln, damit er seinen Äther- und Buddhikörper nähren kann. Denn er nährt sie, wie die Mutter ihr Kind, mit dem eigenen Blut.

Ich erklärte diesen Vorgang bereits, als ich über
Weihnachten und die zweite Geburt sprach. Denn
in Wirklichkeit sind die zweite Geburt und die
Auferstehung nur zwei verschiedene Art und Weisen, die Wiedergeburt des Menschen, seinen Eintritt in die spirituelle Welt darzustellen. Genau wie
die Mutter, der Qualität ihres Blutes entsprechend,
ein gesundes oder ein kränkliches Kind formt, so
bildet auch der Mensch seine spirituellen Körper
mit der Nahrung, die er ihnen zuführt. Durch
selbstlose Arbeit, Aufopferung und göttliche Liebe
erbaut er seinen Lichtleib und erweitert ihn in
Licht und Schönheit. Dank des Lichtkörpers wird
er auferstehen und unsterblich werden.

Die Auferstehung Jesu muss also auf diese
Weise verstanden werden. Jesus, der alle diese
Kenntnisse besaß, war es gelungen, die beiden
Keime des Äther- und Buddhikörpers auf so göttliche Art mit seinen immer lichtvollen und reinen
Gedanken und Wünschen (das geht aus seinen
Worten und seinem Leben hervor) zu nähren, dass
es ihm gelang, seinen Lichtleib zu bilden. Und als
er auferstanden ist, ist er nicht mit seinem irdischen Körper aus dem Grab gestiegen, sondern mit
seinem Äther- und seinem Buddhikörper. Darum
sagte er zu Maria von Magdala: »Rühr mich nicht
an!« Er konnte sich nicht berühren lassen, solange
sein Körper nicht fester und materieller geworden

war; später erlaubte er es Thomas, aber vorher war es nicht möglich.

Erinnert euch, als Jesus Maria von Magdala erschien, erkannte sie ihn nicht sofort, und dafür gibt es eine Erklärung. Wie ich eben sagte, war sein Ätherleib noch nicht genügend materialisiert und hatte noch nicht Jesu Gestalt und Züge angenommen. Deshalb hielt sie ihn für den Gärtner, denn wie hätte sie sich sonst so sehr irren können, wo sie Jesus doch so gut kannte? Wenn es einem gelingt, den Ätherleib zu materialisieren, nimmt er die gleichen Züge und die gleiche Form an wie der physische Körper, denn er ist seine getreue Wiedergabe.

Seht ihr, so erklärt sich alles: Jesus ist nicht mit seinem physischen Körper auferstanden. Nein, er ist mit seinem Ätherleib, seinem Lichtleib erschienen, und mit diesem Körper lebt er immer noch, denn er hat die Erde nicht verlassen.

Als er im Moment der Verklärung auf dem Berge Tabor mit Moses und Elias seinen Jüngern Petrus, Jakobus und Johannes erschien, war er so lichtvoll und strahlend, dass sie dieses Licht nicht ertragen konnten und das Gesicht verbergend zu Boden stürzten. Auch diese Verklärung war eine Manifestation des Lichtkörpers. Der Zeitpunkt für seine vollständige Loslösung vom physischen Körper war noch nicht gekommen, aber er konnte sich bereits offenbaren. Ganz gleich welche Erklärung die Geistlichen zu geben versuchen, die Verklärung ist in Wirklichkeit nur durch die Schwingungen des Auferstehungsleibs zu erklären, die eine derartig hohe Intensität erreichten, dass er Schönheit, Licht und strahlende Pracht wurde.

Da es Jesus gelungen ist, den Lichtkörper für seine Auferstehung zu bilden, müssen auch seine Jünger diesen Körper bilden können, wenn sie die nötigen Kenntnisse besitzen und in der gleichen Richtung arbeiten. Alle Jünger Christi können die Verklärung und Auferstehung erreichen, das hängt allein davon ab, wie stark ihre Liebe und ihr Glaube sind. Sie müssen zuallererst wissen, dass sie Keime in sich tragen, die sie nähren müssen. Und wie? Wenn ihr sehr intensive geistige Momente und Ekstasen erlebt, wenn ihr Musik hört oder wenn euch ein wunderschönes Schauspiel tief berührt, dann nährt und stärkt ihr euren Lichtleib, denn diese Liebe, dieses Entzücken und diese mystischen Gemütsbewegungen sind Elemente, mit deren Hilfe ihr ihn nährt, genau wie eine schwangere Frau ihr Kind mit ihrem Blut, ihren Gedanken und Gefühlen nährt.

Ihr könnt euren Auferstehungsleib nur mit den reinsten und lichtvollsten Elementen nähren, deshalb müsst ihr sorgsam eure Gedanken und Gefühle auswählen. Wenn ihr euch in schweren Stunden Sorgen macht, wenn Hass, Eifersucht oder Rachegefühle in euch aufkommen, dann erinnert

euch sofort daran, dass ihr den Aufbau eures Lichtkörpers verlangsamt und versetzt euch in einen anderen Zustand.

Manche haben bei einigen Eingeweihten, die
eine Ekstase, eine Verzückung erlebten, den Lichtleib sehen können: Ihr Gesicht strahlte, und ihr
ganzes Wesen war mit Licht erfüllt. Mit diesem
Lichtkörper können die Eingeweihten sich auch
frei im Raum bewegen, Berge durchqueren und
sogar bis ins Zentrum der Erde vordringen, denn
für ihn gibt es kein materielles Hindernis. Mit ihm
können sie sogar über Entfernungen auf Wesen
einwirken und ihnen helfen. Ja, selbst wenn euer
physischer Körper beschädigt ist, könnt ihr Hilfe
leisten, denn der physische Körper und der Körper
der Verklärung sind zwei völlig verschiedene
Dinge. Ihr selbst könnt im Sterben liegen, aber
euer Lichtkörper lebt, strahlt und kann die Wesen
im All erreichen. Der Mensch kann sich sogar von
seinem physischen Körper lösen, nur noch mit
dem Lichtkörper leben und auf diese Weise ewig
leben. Den physischen Körper kann man dagegen
nicht verjüngen oder stärken, er altert, wird
schwach und stirbt, daran ist nichts zu ändern.

Nur der Auferstehungsleib ist unsterblich, denn
seine Bestandteile sind unvergänglich und zersetzen sich nicht. Auf den irdischen Körper kann man
nicht so sehr zählen. Heutzutage unternimmt man
alles Mögliche zu seiner Verschönerung, Gesun-

dung und Stärkung. Gut, meinetwegen, denn man darf den physischen Körper nicht vernachlässigen, so wie es manche Geistliche und Asketen in der Vergangenheit taten, aber eines Tages stirbt er, und dann beginnt sich der Lichtleib zu offenbaren.

Ich sagte es bereits, nicht das Tote, sondern nur das Lebendige kann auferstehen. Manche Tote konnten wiederbelebt werden, aber nur weil sie scheintot waren und in Wirklichkeit im Koma lagen. Diejenigen, die wieder ins Leben gerufen wurden, waren nicht tot, das heißt, ihre Silberschnur war noch nicht durchtrennt. Sobald diese jedoch abgetrennt ist, kann niemand wiederbelebt werden. Wenn die Seele entflogen ist, nützt kein Theaterspielen, um sie wieder zurückzurufen. Über diesen Punkt gibt es zahlreiche Lügengeschichten, die von Unwissenden erfunden wurden.

Man erzählt von Zauberern und Hexern, die Tote auferstehen ließen. In Wirklichkeit handelt es sich nicht um wahre Auferstehungen; die Hexer kannten bestimmte Methoden, mit denen sie irdische oder unterirdische Wesen herbeizulocken wussten, die sie in den Körper des Verstorbenen hineinzwangen, um ihn zu beleben. Also war nicht der Geist des Toten wiedergekommen, sondern andere Wesenheiten waren durch die Beschwörungen der Zauberer in den Körper eingedrungen, um in ihm eine Weile zu bleiben. All jene, von denen man behauptet, sie seien auferstanden, waren in

Wirklichkeit nicht tot, selbst wenn man sie für tot hielt, weil ihr Herz nicht mehr schlug. Der tatsächliche Tod tritt nicht dann ein, wenn das Herz zu schlagen aufhört, sondern wenn es seine Wärme verloren hat. Nicht mehr zu atmen, bedeutet noch nicht den Tod. Solange das Herz warm ist, kann der Mensch durch Massagen oder andere Methoden, selbst durch Mittel der göttlichen Magie wieder ins Leben zurückgerufen werden. Aber wenn das Herz erkaltet ist und die Silberschnur, die den physischen Körper mit dem Äther- und Astralleib verbindet, durchtrennt ist, kann man nichts mehr für ihn tun.

Die hohen Eingeweihten haben sich nie damit abgegeben, Leichen auferstehen zu lassen; nur Geisterbeschwörer behaupten das von sich, aber in Wirklichkeit locken sie nur andere Wesenheiten heran, indem sie ihnen das bieten, was ihnen an Nahrung, Blut usw. behagt. Selbst Jesus hat keine Toten auferweckt. Ihr erwidert: »Und Lazarus, der war doch schon drei Tage tot.« Nein, man hielt ihn für tot, aber in Wirklichkeit lebte er noch. Das vermindert in keiner Weise Jesu Verdienst, denn Lazarus wäre tatsächlich gestorben, wenn Jesus ihn nicht dem Grab entrissen hätte. Und sogar was vom Tode Jesu berichtet wird... stimmt das eigentlich? Aber ich will nicht auf diese Frage eingehen, denn sonst würde ich das Bewusstsein der Christen schockieren.

Der Tote steht nicht wieder auf, sondern nur der Lebendige, der sich in einem todesähnlichen Schlaf befindet: gleich einem Baum, dessen Zweige im Winter »sterben«, gleich dem Samen, der unter der Erde »begraben« ist. Scheinbar stirbt das Saatkorn, bevor es wächst. Darum heißt es: »Wenn ihr nicht sterbet, werdet ihr nicht leben«. Man muss sterben und gleichzeitig am Leben bleiben. Also setzt das Wort »Tod« eine andere Form von Leben voraus. Wenn Jesus sagt: »Wenn ihr nicht sterbet, werdet ihr nicht leben«, meint er: Lasst eure eigennützigen Neigungen sterben, dann werdet ihr im Geist und in der Herrlichkeit leben. Also handelt es sich nicht um einen tatsächlichen Tod, denn wer tot, wirklich tot ist, steht nicht wieder auf.

Heute habt ihr also verstanden, dass nur der Körper der Verklärung unsterblich ist; Jesus ist nicht mit seinem irdischen Körper auferstanden. Und was die Christen nicht wissen, ist, dass er noch lebt und die Erde nicht verlassen hat. Dies offenbarte er übrigens selbst, als er sagte: »Gehet hin und lehret alle Völker... Ich bin bei euch bis an der Welt Ende« (Mt 28, 19-20).

Der Körper der Verklärung liegt in Form eines Samens, als Keim in unserem Innern verborgen. Was tut man mit einem Keim? Man pflanzt ihn ein, umsorgt und begießt ihn, dann wächst er und wird ein Baum, mit anderen Worten, ein kräftiger Körper in voller Blüte. Dieser Körper existiert bereits mit allen Anlagen für seine künftige Entwicklung im Samen: Seine Größe, seine Schönheit, seine Früchte sind schon vorherbestimmt. Wenn wir ihn aber nicht mit unseren »Tautropfen« nähren, das heißt, mit unseren Gedanken und Gefühlen, mit unserer Wärme und unserem Licht, dann stirbt er.

Der Mensch erschafft den Lichtkörper nicht selbst, sondern er besitzt ihn schon von Anfang an in Form eines Atoms. Der Schüler hat die Aufgabe, ihn durch seine Gedanken, Gefühle, seinen Eifer und seine Aufopferung zu wärmen, zu schützen und zu nähren. Wenn er ihm all sein Blut und seine ganze Kraft gibt, wird der Lichtleib zu seinem eigenen Leib, dann kann er seine irdische Hülle verlassen und sich mit diesem leuchtenden Körper in das All aufschwingen, die Sterne und alle Geschöpfe besuchen...

Die Auferstehung, das ist dieses intensive Leben, mit dem der Mensch seinen Lichtleib erfüllen konnte durch all seine Gedanken, Gefühle und Taten, die das Siegel der Göttlichkeit tragen, das heißt geprägt sind von Selbstlosigkeit, Entsagung und Opfer. Wer jedoch nie etwas für die anderen tut, wird vom Tode verschlungen, denn der Tod ist nichts anderes als ein Mangel an Liebe. Alle großen Meister haben auf der Notwendigkeit des

Gebens bestanden, von sich selbst zum Wohle der anderen etwas abgeben zu können. Der Mensch kann sich nur erheben, indem er in größter Reinheit und strahlendstem Licht gibt. Darum gab es in der Vergangenheit das Gesetz des Erstlingsopfers bei Ernten und Herden; den ersten Weizen, die ersten Trauben, die ersten Lämmer opfern, das heißt das Beste und Reinste, das er besitzt.

Und ihr? Wie ich euch schon sagte, wenn ihr durch einen wunderbaren Anblick, das Lesen eines schönen Gedichtes oder durch das Hören von Musik eine große Freude empfindet, wenn euer ganzes Wesen entzückt ist und vor Glück bebt, dann solltet ihr daran denken, diese Elemente der reinen Freude, die aus euch hervorströmen, eurem Lichtleib als Nahrung zuzuführen.

Ja, denkt an all die Mittel, die euch zur Verfügung stehen, um diesen Vorgang zu beschleunigen. Selbstverständlich braucht der Aufbau dieses Körpers viel Zeit, denn schaut einmal, wie viele Jahre eine Eichel braucht, um eine große Eiche zu werden! Man muss also dem Lichtleib öfter und reichlicher Nahrung geben. Das bedeutet, dass ihr euer Leben so gestalten sollt, dass ihr euch die besten Bedingungen für ein spirituelles Leben schafft. Nun versteht ihr auch, warum ich immer darauf bestehe, dass ihr nie die Verbindung zu Gott abbrechen dürft und ständig geben, strahlen und euer Bestes ausströmen sollt.

Der Körper der Verklärung ist momentan ein winzig kleines Samenkörnchen, das der Mensch in seinem Inneren trägt, aber dieser Same hat die ehrenvolle Vorbestimmung, eine Gottheit aus dem Menschen zu machen. Wenn Jesus auferstanden ist, so können auch wir auferstehen. Ich weiß, die meisten Christen wenden ein: »Ja, Jesus war Gottes Sohn, er war vollkommen, als er kam, aber wir sind nicht Gott, also soll man uns in Ruhe lassen!« Und damit rechtfertigen sie alle ihre Schwächen! Nein, meine lieben Brüder und Schwestern, die Kirche hat einen großen Fehler gemacht, wenn sie lehrt, dass Jesus allein Gottes Sohn war, und dieser Fehler hat bedauerliche Ergebnisse gezeitigt. Jesus war Gottes Sohn, aber auch wir sind Söhne Gottes, weniger erhaben und nicht so weit fortgeschritten, aber wir haben die gleiche Beschaffenheit wie er und können werden wie er.

Jesus ist auferstanden und auch wir können auferstehen! Denn Gott hat in jeden von uns diesen winzigen Keim gelegt, das Atom des Lichtkörpers, das imstande ist, aus uns eine Gottheit zu machen. Deshalb sagte Jesus: »Wer an mich glaubt, der wird die Werke auch tun, die ich tue, und er wird noch größere als diese tun...« (Joh 14, 12).

Vom selben Autor
Reihe Gesamtwerke

Verlag-Auslieferung

Éditions Prosveta S.A. (Hauptverlag)
1277, Av. Jean Lachenaud - F-83601 Fréjus Cedex,(Frankreich)
Tel. 04 94 19 33 33, E-Mail: contact@prosveta.com
Internet: www.prosveta.fr

DEUTSCHLAND
PROSVETA VERLAG GMBH
Grabenstr. 14, 78616 Dietingen
Tel. 07427 3430
E-Mail: kontakt@prosveta.de
Internet: www.prosveta.de

ÖSTERREICH
HARMONIEQUELL VERSAND
Ulmenweg 8, 5302 Henndorf
Tel. und Fax 06214 7413
E-Mail: info@prosveta.at
Internet: www.prosveta.at

SCHWEIZ
ÉDITIONS PROSVETA
1808 Les Monts-de-Corsier 13
Tel. 021 921 92 18
E-Mail: editions@prosveta.ch
Internet: www.prosveta.ch

Adressen für weitere Länder:
www.prosveta.de/informationen/bestelladressen

Wenn Sie sich über die Anwendung der Lehre von
Omraam Mikhael Aivanhov informieren möchten,
wenden Sie sich bitte an eine der folgenden Adressen:

Deutschland
Internet: www.aivanhov.de, E-Mail: info@aivanhov.de

Schweiz
FBU, Chemin de la Céramone, 1808 Les-Monts-de-Corsier
Telefon 021-925 40 80, www.videlinata.ch

Österreich
UWB, Telefon 01 27 698 32
Internet: www.uwb.at, E-Mail: info@uwb.at